COMPORTAMENTO ORGANIZACIONAL

OSNEI FRANCISCO ALVES

COMPORTAMENTO ORGANIZACIONAL

Freitas Bastos Editora

Copyright © 2023 by Osnei Francisco Alves

Todos os direitos reservados e protegidos pela Lei 9.610, de 19.2.1998.
É proibida a reprodução total ou parcial, por quaisquer meios, bem como a produção de apostilas, sem autorização prévia, por escrito, da Editora.
Direitos exclusivos da edição e distribuição em língua portuguesa:
Maria Augusta Delgado Livraria, Distribuidora e Editora

Direção Editorial: Isaac D. Abulafia
Gerência Editorial: Marisol Soto
Diagramação e Capa: Madalena Araújo

Dados Internacionais de Catalogação na Publicação (CIP)
de acordo com ISBD

A474c	Alves, Osnei Francisco	
	Comportamento Organizacional / Osnei Francisco Alves. - Rio de Janeiro : Freitas Bastos, 2023.	
	180 p. ; 15,5cm x 23cm.	
	ISBN: 978-65-5675-260-0	
	1. Administração. 2. Comportamento Organizacional. I. Título.	
2023-259		CDD 658
		CDU 65

Elaborado por Odilio Hilario Moreira Junior - CRB-8/9949

Índice para catálogo sistemático:
1. Administração 658
2. Administração 65

Freitas Bastos Editora
atendimento@freitasbastos.com
www.freitasbastos.com

SUMÁRIO

1. INTRODUÇÃO   **9**

2. COMPORTAMENTO ORGANIZACIONAL **11**

2.1 PARTICULARIDADES DO COMPORTAMENTO ORGANIZACIONAL... 14

2.2 AS NECESSIDADES HUMANAS.. 15

2.3 AUTORIDADE E PODER 19

2.4 INFLUÊNCIA DO COMPORTAMENTO ORGANIZACIONAL NA GESTÃO DE PESSOAS.........26

3. COMUNICAÇÃO EMPRESARIAL E DESENVOLVIMENTO DE EQUIPES   **43**

3.1 CONCEITO DE COMUNICAÇÃO EMPRESARIAL....44

3.2 PROCEDIMENTOS CRÍTICOS PARA A COMUNICAÇÃO EM EQUIPE..48

3.3 EQUIPES E SUAS LIMITAÇÕES...51

3.4 MAPEAMENTO DE COMPETÊNCIAS 54

4. A LIDERANÇA E OS CONFLITOS   **63**

4.1 A LIDERANÇA E ADMINISTRAÇÃO DE CONFLITOS 65

4.2 CRIATIVIDADE E INOVAÇÃO ATRAVÉS DOS CONFLITOS..69

4.3   A GESTÃO DO CONFLITO ORGANIZACIONAL.......77

4.4   AVALIAÇÃO DE DESEMPENHO 93

5. CAPITAL INTELECTUAL NAS ORGANIZAÇÕES   103

5.1   CONCEITO DE CAPITAL INTELECTUAL....................104

5.2   ORGANIZAÇÕES BASEADAS EM CONHECIMENTO 108

5.3   O VALOR DO INTANGÍVEL E A TOMADA DE DECISÕES.........................111

5.4   AS DIRETRIZES DA APRENDIZAGEM NA GESTÃO DO CONHECIMENTO 117

6. CULTURA ORGANIZACIONAL   131

6.1   ABORDAGEM DA CULTURA ORGANIZACIONAL..132

6.2   MUDANÇA ORGANIZACIONAL.........................134

6.3   CULTURA DE INOVAÇÃO.........................135

6.4   DESENVOLVIMENTO ORGANIZACIONAL.................141

7. MOTIVAÇÃO   149

7.1   DEFININDO MOTIVAÇÃO 151

7.2   TEORIAS SOBRE A MOTIVAÇÃO.........................153

7.3   ABORDAGEM COMPORTAMENTAL DA MOTIVAÇÃO 156

7.4   IMPORTÂNCIA DA MOTIVAÇÃO 157

8. DIVERSIDADE DAS ORGANIZAÇÕES 159

8.1 DIVERSIDADE E INCLUSÃO 160

8.2 A IMPORTÂNCIA DA DIVERSIDADE NAS
ORGANIZAÇÕES 163

8.3 IMPACTOS DA DIVERSIDADE
NAS ORGANIZAÇÕES 167

8.4 A GESTÃO DA DIVERSIDADE
NAS ORGANIZAÇÕES 170

9. CONSIDERAÇÕES FINAIS 173

10.REFERÊNCIAS BIBLIOGRÁFICAS 175

1. INTRODUÇÃO

As organizações têm muitos recursos – humano, tecnológico, material, financeiro, tempo, entre outros. No entanto, o recurso imprescindível é o humano, todas as organizações são formadas por pessoas e através delas que é possível obter resultados satisfatórios.

Num passado não muito distante, as necessidades da organização eram muito diferentes comparadas com as de hoje. Existiram profundas transformações no modo de trabalhar, nos processos de produção e no perfil do trabalhador. Percebe-se que outro recurso, além dos ativos físicos e financeiros, tem se mostrado com forte poder de agregar valor à organização. Esse novo recurso diz respeito ao conhecimento e é visto, hoje, como um valioso e poderoso ativo da organização.

É fundamental compreender as técnicas que são aplicadas na gestão de recursos humanos e a sua aplicabilidade de maneira assertiva, por mais que o tema seja debatido amplamente, aplicar as técnicas de gestão de pessoas e ser eficiente não é uma tarefa fácil, devido às organizações terem formas diferentes de trabalho em detrimento do objetivo organizacional e o indivíduo com o objetivo individual, equilibrar os objetivos significa ampliar o conhecimento do capital humano e as suas particularidades.

O capital humano consiste em habilidades, competências e capacidades dos indivíduos e grupos. Varia de competências técnicas específicas a habilidades mais subjetivas, como capacidade de vendas ou de trabalho em equipe. Um capital humano individual humano, legalmente, não pode ser propriedade de uma empresa; o termo se refere, então, não só ao talento individual, mas também às habilidades e aptidões coletivas da força de trabalho.

As pessoas em todos os níveis da organização desde o presidente até os operadores precisam combinar o domínio de algum conhecimento técnico altamente especializado com a capacidade de trabalhar com eficácia em equipes, desenvolver relacionamentos construtivos com os clientes ou fregueses, e refletir de maneira crítica sobre as próprias práticas organizacionais, alterando-as quando necessário, assim de alguma forma a gestão de recursos humanos encontra-se presente nas atividades do cotidiano das empresas e com adaptações diante das transformações do mercado.

2. COMPORTAMENTO ORGANIZACIONAL

Comportamento organizacional – área de estudo que pesquisa o impacto causado pelos indivíduos, grupos e estruturas dentro das organizações – pode abarcar uma análise em níveis (ROBBINS, 2005) e envolver desde a motivação, comportamento, poder de liderança, comunicação, sobretudo, interpessoal, estrutura, aprendizados, atitudes e percepções, processos de mudança e conflito até questões relacionadas à qualidade de vida no trabalho (ROBBINS, 2005).

Robbins (2005) esclarece que o comportamento organizacional enquanto campo de estudo, enquanto corpo comum de conhecimento está justamente preocupado com o que as pessoas fazem nas organizações e de como este comportamento afeta o desempenho das empresas.

Já existem muitas tentativas de fugir ao pensamento tradicional dominado pela Era Industrial, no que diz respeito a pesquisas e práticas de liderança, com mudança do olhar para incerteza, auto-organização, não linearidade e caos.

A liderança é observada de vários ângulos, epistemológica e metodologicamente, apresentando o conceito de Liderança Emergente e seu entendimento em relação a temas como conflito, informação, mudança, inovação, grupos, equipes, relações interpessoais e controle. Consistentemente, o conceito discutido de liderança se afasta da visão *top-down*, da visão de uma liderança heroica, expandindo-se numa perspectiva em direção à inteligência coletiva, distribuída e emergente. Uma vez que a inteligência coletiva representa um conceito central da teoria da complexidade, poderíamos pensar como a organização humana tiraria vantagens desse fenômeno. Os sistemas humanos, evidentemente, diferem dos sistemas das abelhas e das formigas, que correspondem a uma metáfora perfeita da auto-organização.

Concepções contemporâneas constatam posição oposta à visão individualista de liderança, baseando-se, por exemplo, na suposição de redes de cognição distribuída. No centro da visão da cognição socialmente distribuída está a ideia de que mente e consciência não são somente características da vida mental interior dos indivíduos, mas são manifestadas em atividades realizadas conjuntamente em relações sociais. Nesse novo cenário, há busca por novas visões de liderança, mais afins à noção de liderança compartilhada. A visão da Liderança Distribuída no grupo também traz um novo quadro de referências para a compreensão do fenômeno da liderança.

Pela ânsia de novidades, a chegada recente ao mundo corporativo de pesquisas e livros sobre a complexidade corre o risco de se transformar em mais um entre tantos modismos que assolam o *pop management*. Já existe até um Prêmio Nobel de Física, concedido anualmente por uma equipe de pesquisadores da Universidade de Harvard às denominadas pesquisas improváveis, aquelas que fazem as pessoas rirem e depois pensarem.

Os princípios gerais da teoria da complexidade podem ser assim compreendidos, quando aplicados à compreensão da gestão: (1) organização auto emergente – ordem em nível sistêmico; (2) sensibilidade às condições iniciais, nas quais pequenas flutuações podem ter consequências imprevisíveis; (3) distância do equilíbrio – o sistema importa energia e informação que é dissipada pelo sistema, criando desordem, levando a alguma ordem imprevisível; (4) interações não lineares e interconectadas. Se abordarmos a liderança na ótica dos princípios geralmente aceitos como os da complexidade, veremos que a liderança, analisada sob essa ótica, contrapõe-se às crenças em vigor nos modelos tradicionais de liderança.

Um bordão sempre utilizado sobre a liderança diz que o papel do líder seria o de especificar o futuro desejado. Os líderes heróis, venerados, rebitam suas experiências como celebridades, suas visões e seus conselhos são mágicos, não há lugar para dúvidas. Claro que de tempos em tempos surgem livros que realmente tratam de experiências audaciosas, baseadas, ou melhor, inspiradas em princípios de uma ciência moderna, que apresentam frescor e inovação, como as experiências, dentre outras.

O papel do líder como formulador da visão, o único que detém a chave da solução, o que é inspirador, sábio, contém contradições, notadamente ao assumir que cabe ao líder empreender a tarefa de especificar o futuro, visando influenciar outros a eliminar a desordem, as lacunas entre intenções e a realidade. Muito da ênfase na visão convencional de liderança está focada no que o indivíduo, em posição de liderança, sabe, pensa e faz. A partir dessa perspectiva, o líder parece ter uma visão de fora do sistema, de tomador de decisões, planejando ações para a organização, de acordo com os resultados previstos.

A teoria da complexidade sugere que a maior fonte de criatividade organizacional vem de dentro – da interação de indivíduos e grupos dentro da organização cujas ações, intercâmbios e adaptações de uns com os outros não são controladas, por vezes nem conhecidas, pelos líderes. Ideias que redirecionam a organização são suscetíveis de ter uma ascensão sem a supervisão de um controlador central, uma vez que os líderes não são os únicos influenciadores das organizações. Desse modo, organizações são capazes de alcançar futuros produtivos por causa de ideias que crescem de dentro do atual sistema para fora, pelas interações de seus membros, e não a partir da visão do líder, no topo da organização. As estratégias e apelos carismáticos da liderança são inúteis se não conseguirem gerar condições que permitam estados produtivos futuros, mas altamente não especificados.

A liderança emergente se apresenta para estimular e imprimir significado aos padrões, fornecer elos a estruturas emergentes, fortalecendo, portanto, as conexões entre os membros da organização. Os líderes ou gestores organizacionais precisam entender os novos padrões e aprender a manipular as situações de complexidade, mais que seus resultados; devem focar menos em controlar o futuro e mais em permitir futuros produtivos. De entrevistas com executivos de empresas que seguem princípios da teoria complexa, são relatadas histórias de líderes que confiaram seu poder não tanto no controle, mas em suas capacidades de permitir, incentivar, provocar.

Desse modo, com base nesses novos princípios e em resultados empíricos, pode-se sugerir a substituição da crença do líder como criador do futuro por outra premissa: líderes fornecem vínculos para estruturas emergentes ao reforçarem conexões entre os membros da organização.

Outra crença bastante difundida se relaciona a uma visão inquietante, posto que sugere a busca do conformismo. Ela diz respeito ao fato apregoado de que a liderança deve buscar alinhamento e consenso; o líder deve eliminar a desordem e o espaço entre intenções e realidade. Se é que podemos falar em papéis, o principal papel do líder não seria exatamente o contrário, o de encorajar o desequilíbrio e favorecer visões divergentes?

Visões tradicionais da liderança focalizam o papel do líder em influenciar terceiros a cumprirem tarefas necessárias ao alcance de objetivos. E a expectativa é de que tudo será feito de forma metódica: mudança controlada. Líderes eficazes, muitas vezes, são julgados a partir de sua capacidade em minimizar conflitos e manter a ordem, ou pelo menos manter a impressão de que não existe conflito e de que tudo está sob controle e na mais perfeita ordem. A ênfase das organizações em minimizar os conflitos aparece em estudos acadêmicos, assim como nas fórmulas de líderes carismáticos. Harmonia e estabilidade caracterizam equilíbrio em modelos tradicionais de organização.

2.1 PARTICULARIDADES DO COMPORTAMENTO ORGANIZACIONAL

A maior parte das organizações encontra-se em um patamar entre a estabilidade e a instabilidade e, nesse contexto, a persistente busca da estabilidade, em vez de ser benéfica, apresenta-se como uma das causas de decadência e morte organizacional. Desse modo, líderes não precisam simplesmente eliminar a desordem. Qualquer organização é, simultaneamente, ordem e desordem, qualquer organização necessita, ao mesmo tempo, de continuidade e mudança, de normas e de liberdade, de controle e de autonomia, de tradição e de inovação, de ser e de devir. A organização vive, constantemente, antinomias, dilemas, paradoxos.

Por vezes, tem-se o entendimento de que os dilemas, as polaridades e os paradoxos, tal como os problemas, precisam ser resolvidos. Esse conceito mecanicista, separatista, é uma poderosa maneira de ver o mundo, uma maneira útil de perceber alguns aspectos da realidade e uma ajuda prática nas atividades do dia a dia. A dificuldade tem início quando essa maneira de perceber a realidade começa a ser considerada a melhor. O problema começa quando passa a ser considerada a única. Ela não passa de uma perspectiva, de uma maneira de perceber a realidade.

De acordo com a teoria da complexidade, as organizações deveriam pautar-se pelos princípios da natureza, e não pelos princípios das máquinas. As organizações são coisas vivas, isso não é apenas uma metáfora para os que compartilham dessa nova visão. E, assim, as antinomias, os dilemas, os paradoxos deveriam ser conciliados. A conciliação entre antinomias se daria então em círculos virtuosos, refletidos e geradores de um pensamento complexo, encontrando na metáfora da circularidade em espiral sua melhor expressão.

Contudo, na prática atual das organizações, a liderança é ainda baseada na premissa da hierarquia, e muitos que se dizem líderes repudiam o aprendizado, pois estão presos à tradição gerencial do controle. Fala-se, insistentemente, sobre a importância do *empowerment*, que se reduz a uma retórica, na medida em que, provavelmente, a maior parte dos líderes confia mais em si próprio que em qualquer outra pessoa.

2.2 AS NECESSIDADES HUMANAS

Todas as pessoas desejam sanar as suas necessidades, sejam elas: financeiras, afetivas, profissionais, entre outras. As realizações são efêmeras, por mais que diante da sociedade, muitos são propagados como exemplos de vencedores. A mídia propaga pessoas com sucessos incondicionais, criando um conceito de felicidade plena, isso manifesta o desejo de muitos em ocupar aquele lugar maravilhoso. Na realidade, as vitórias são momentâneas, a vida um recomeço, o desejo transitório e as experiências fonte de maturidade e sabedoria.

Analisando pelo lado da motivação, as conquistas têm um lado positivo, todos os seres humanos necessitam de um objetivo e consolidação das conquistas para estabelecer outros objetivos e assim desenvolver novas estratégias nos âmbitos: econômicos, sociais, educacionais e políticos.

Acredito que em todos os âmbitos, o campo do conhecimento é necessário, porém com uma dose de realidade, as conexões da vivência são concentradas em modos de vida e todos necessitam de dinheiro, relacionamento, emoções.

Não criticando de modo superficial o campo dos artistas ou quem desenvolve profissões da intangibilidade, onde o produto diretamente é vinculado como de difícil mensuração.

A parte dos artistas vejo como um grande paradoxo, devido a razão da realidade, profissões ortodoxas que manifestavam uma segurança, na atualidade tiveram que melhorar as suas técnicas, e carreiras pautadas nas questões artísticas serviram como base para a inovação. A junção de várias ciências, sempre foi um grande paradigma, desde o início da trajetória educacional, as disciplinas foram ensinadas de modo particular, o próprio aluno observou que a realidade analisada de várias maneiras, tem uma complexidade maior do que ensinada nas escolas e o desenvolvimento de produtos ou serviços concentra-se em resolver problemas de várias formas, a instabilidade é inevitável.

A grande fortaleza do artista encontra-se na representação do seu produto perante a valorização de outras pessoas, isso significa capacidade de criar conexões e geração de valor. Uma grande dificuldade é tangibilizar a necessidade de consumir um produto que não este nas necessidades básicas, porém alimenta uma parte importante dos humanos, o espírito.

Muitos debates e ideias são delineados sobre as necessidades humanas, as físicas são inevitáveis e visíveis: alimentação, saúde, moradia, trabalho. Todas as pessoas necessitam suprir suas necessidades básicas, visando a dignidade do indivíduo.

Porém, cada vez mais em um ambiente capitalista e de diversas opções de produtos as necessidades são disponibilizadas, aliadas a sofisticação das marcas que seduzem muitas pessoas para consumi-las. As organizações utilizam como estratégias os públicos-alvo do seu segmento e analisam os hábitos e necessidade como fonte de receita.

Diante dos pensamentos as necessidades podem ser efêmeras, modismo que logo pode passar, porém algumas estão em nosso cotidiano, dificilmente filmes, novelas, livros não fizeram parte da sua vida. Ao consumir esse produto, houve uma satisfação que não é clara, mas faz uma grande diferença nas realizações.

Na vertente do propósito da existência, a dúvida toma conta dos indivíduos, a área organizacional realizou muitos estudos antropológicos e sociológicos para entender as transformações históricas, para estabelecer estruturas e estratégicas de marketing para o suprimento das necessidades, algumas propiciaram evidenciar que essas necessidades poderiam ser encaradas como desejos. Os desejos transformam necessidades que não eram prioritárias em satisfação por mais que tenham uma visão temporária.

É possível analisar que muitas pessoas adquiriram dívidas com produtos que não eram necessidades básicas, devido ter acesso ao crédito simplificado e ser conduzido ao consumo da satisfação em curto prazo, porém com compromissos de longo prazo.

O sonho inserido nas mentalidades individuais tem concretizado muitos fatores que tinham como fundamento contribuir para a felicidade, por outro lado, emergiu para muitos, anseios e dificuldades, que podem ser vivenciados como uma fonte de motivação, ou indecisão. O desconforto é uma premissa importante para refletir sobre os diversos pontos da vivência e ter um caminho de reflexões e conhecimentos acompanhados diante de toda a vida.

Todos os dias as pessoas são desafiadas, para alguns o amanhecer é um início de oportunidade, para outras tristezas, rancores e dissabores. É fato que todos planejam as próprias vidas e caminham por lugares que oferecem riscos ou incertezas. Os riscos manifestam a ideia que houve um planejamento e uma direção, a incerteza conclui que pode ocorrer algo positivo, porém não há fatos, ferramentas, procedimentos e processos que possam amparar e oferecer base para o resultado.

O estudo oferece para todos uma oportunidade de mudanças e melhorias, outrora era muito difícil ter acesso à informação, devido à falta da democratização do saber, algumas classes foram privilegiadas e se lançaram como dominantes em virtude do conhecimento. Com o advento da tecnologia, muitas pessoas podem ter acesso a um vasto campo de informações e obter um conhecimento com qualidade. Porém, é possível encontrar pessoas sem direcionamento, mesmo com conhecimento, dessa forma o líder passa a ter um papel interessante na conscientização das capacidades humanas, pois oferece experiências cotidianas que impactam várias pessoas, no debate das ideias, não há caminhos absolutos, apenas formas diferenciadas de obter resultados.

Na história da administração, passamos por uma ditadura inflexível em que os mercados eram limitados, por fronteiras regionais ou nacionais, para os líderes atuais que têm múltiplas aptidões e os líderes de equipes multidisciplinares que lidam com um mercado internacional.

Os líderes racionais (estrategistas) são os mais visionários de todos os tipos, pois têm habilidades tanto para definir as metas de uma iniciativa, de uma guerra ou de uma empresa (para onde ir) como para estabelecer os planos estratégicos para implementá-los (como chegar lá) atingir até o fim desejado.

A maior aliada dos líderes estrategistas é a combinação de intuição (que lhes permite não apenas ver longe, mas, principalmente, enxergar um espectro de opções e possibilidades) com raciocínio lógico. Os marechais e generais, que fizeram história, eram todos líderes estrategistas.

Atualmente, com os mercados globalizados e a concorrência altamente competitiva, as grandes empresas necessitam, cada vez mais, de líderes estrategistas, que possam traçar planos para o crescimento contínuo e vencer a concorrência. Não por acaso, esses líderes ocupam o primeiro lugar nos conselhos executivos de grandes corporações. São bons exemplos mundiais Bill Gates e Steve Jobs.

Dentro desta visão quanto maior a corporação, maior a necessidade de inteligência executiva para ajudar a resolver problemas, que normalmente envolvem colapsos na comunicação, isso pode consumir muito tempo. Cada um desses incidentes parece ser singular. O executivo emocionalmente inteligente pode economizar boa parte desse tempo, buscando o sentimento que está por trás do problema, pelo subtexto que se esconde por trás do contexto. É aí que o conflito básico pode ser exposto com mais facilidade. Essa é a área que as capacidades intuitivas do executivo podem ser bastante úteis. O executivo emocionalmente inteligente pode ir direto ao âmago do problema.

Toda essa nova visão de liderança requer o despertar de uma nova consciência, de uma nova ética, que leva em consideração o homem nos seus planos instintivo corporal, emocional, espiritual a sociedade no plano da cultura, da vida social e política e da economia, e a natureza nos seus planos de matéria, de vida e de informação. Os líderes devem dispor-se a abandonar seu atual nível de pensamento e tentar ver as coisas de outra perspectiva.

2.3 AUTORIDADE E PODER

Como vivemos e trabalhamos em organizações estruturadas de acordo com imagens newtonianas do universo, administramos dividindo as coisas em partes, acreditamos que a influência é resultado direto da força exercida por uma pessoa sobre a outra, fazemos planos complexos para um mundo do qual insistimos em esperar previsibilidade, e buscamos continuamente maneiras melhores de perceber o mundo de forma objetiva.

O líder é uma pessoa que chefia, comanda ou orienta, em qualquer tipo de situação, empreendimento ou linhas de ideias. Para isso o temperamento tem um papel importante devido ser a essência da nossa personalidade. Assim como o corpo humano depende da espinha dorsal para adquirir uma estrutura, a psique necessita do temperamento para definir suas particularidades. O temperamento é uma predisposição inata. Nascemos com um determinado temperamento e morremos com o mesmo temperamento. O ambiente em que crescemos, somos criados e atuamos poderá exercer influência em maior ou menor grau sobre a forma como expressamos o temperamento, mas não conseguirá modificá-la na essência nem alterá-la por muito tempo se não houver o desejo consciente de mantê-la.

Os líderes influenciam as pessoas a fazer coisas através do uso do poder e da autoridade. O poder é a habilidade ou potencial de influenciar decisões e controlar recursos. Pessoas poderosas têm o potencial de exercer influência e o exercitam frequentemente. Por exemplo, um executivo poderoso pode influenciar um executivo de outra empresa a fazer negócios com a sua empresa.

A autoridade é o direito formal para conseguir que as pessoas façam coisas ou o direito formal de controlar recursos. Os fatores internos da personalidade, como o talento ou o charme, podem ajudar a obter poder. Apenas a organização, no entanto, pode conceder a autoridade. Para compreender como os líderes usam o poder e a autoridade, examinamos os vários tipos de poder, táticas de influência, e como os líderes compartilham o poder com os membros da equipe. Compreender estas diferentes abordagens para o exercício da influência pode auxiliar um administrador a se tornar um líder eficaz.

A tipologia de poder apresentada por Hall (2004) auxilia no entendimento de como o poder funciona. Os seis tipos são apresentados a seguir:

» **Autoridade racional-legal:** caracteriza a maioria das relações de poder nas organizações são baseadas nas crenças do direito daquele em posições elevadas de ter poder sobre os subordinados;

» **Autoridade carismática:** caracterizada pela dedicação por parte das pessoas a um detentor de poder com base nas suas características pessoais, consideradas por essas como pessoas como especiais;

» **Autoridade tradicional:** respaldada na crença da ordem tradicional estabelecida, exemplificada pelas monarquias;

» **Autoridade por meio da avaliação:** baseada na crença, pelas pessoas avaliadas, de que as avaliações são importantes;

» **Autoridade pela dominação:** caracterizada pela tentativa do detentor do poder de forçar o consenso quando há oposição a sua autoridade;

» **Autoridade pela influência:** baseada na aceitação consciente ou inconsciente por parte do receptor do sistema de poder, que leva o persuasor a ser sempre aceito e legitimado pelo receptor.

As bases e fontes de poder são os meios controlados pelas unidades organizacionais e pelas pessoas nas organizações para obterem seu poder. As bases e fontes de poder podem vir de vários fatores, tais como a capacidade de recompensar ou coagir, a legitimidade, o conhecimento especializado, o acesso ao conhecimento, os laços de família e relações de amizade, cargo ou posição na estrutura, características pessoais, como o carisma, e por último a oportunidade de combinar e usar as fontes e bases de poder para influenciar a alocação de recursos da organização.

Outros fatores que devem ser analisados para entender o funcionamento do poder dizem respeito aos elementos que podem afetar a distribuição do poder nas organizações. O primeiro aspecto sobre a distribuição de poder é que a quantidade de poder total numa organização em qualquer momento é constante e que a sua distribuição varia ao longo do tempo, em função de um melhor acesso aos recursos tecnológicos, econômicos e humanos por alguma parte, sempre em detrimento do acesso por outra parte. Com exceção de momentos de crises profundas e acidentes, esta variação é lenta. O segundo aspecto é sobre os fatores que afetam a distribuição de poder, brevemente descritos a seguir (HALL, 2004):

» **Capacidade de lidar com as incertezas:** as partes que lidam melhor com as incertezas e são fundamentais para o fluxo de trabalho da organização têm seu poder aumentado;

» **O poder é autoperpetuador:** a parte que teve sucesso anterior tem uma vantagem em relação à outra e tem maior acesso aos recursos, bem como tentará com muito empenho mantê-lo. Além disso, a hierarquia e o grau de centralização contribuem para manter o poder;

» **Sucessão de pessoal:** a rotatividade de pessoal em todos os níveis, mas especialmente nas esferas superiores, contribui para a instabilidade das relações de poder;

» Fatores externos à organização incluem-se aqui fatores como as relações com associações de organizações similares, com os fornecedores, clientes e usuários, órgãos de regulamentação e outras partes indiretamente relacionadas, bem como as condições econômicas externas que modificam os mercados e as características dos clientes; e

» A partir do entendimento da tipologia de poder, das bases e fontes de poder e dos fatores que afetam a distribuição de poder apresentados anteriormente, infere-se que este é influenciado pelas características do contexto organizacional.

Heifetz (1999, p. 61) afirma que liderança e autoridade, muito frequentemente, são dois conceitos conflitantes: Muitas pessoas com autoridade não sabem exercer a liderança e outras exercem-na sem autoridade, simplesmente pelo fato de identificarem um problema [...] e terem condições de mobilizar as pessoas para solucioná-lo. [...] No passado a liderança tinha um forte componente de autoritarismo e hoje se observa atitudes mais participativas.

Zaleznik (1998) aponta que os objetivos dos gerentes surgem das necessidades e, a liderança, dos desejos. Os gerentes fazem com que o negócio do dia a dia funcione. Já os líderes têm atitudes ativas e pessoais em relação aos objetivos e estão procurando oportunidades que inspirem os subordinados e seus processos criativos. De forma agregadora, ele coloca que a empresa precisa de gerentes e líderes para sobreviver e ter sucesso (ZALEZNIK, 1998, p. 61).

Kotter (1998) afirma que liderança e gerenciamento são dois sistemas de ação distintos e complementares e que o grande desafio é combinar estes sistemas de forma balanceada. Segundo ele, gerentes tratam da complexidade fazendo planos e orçamentos com objetivos e metas para o mês ou ano seguintes, enquanto líderes fazem as mudanças, iniciando por estabelecer uma direção ou visão de futuro, geralmente de longo prazo, com as estratégias que produzem as mudanças necessárias para atingir a visão. Os gerentes implantam seus planos, organizando as atividades das pessoas, e os líderes alinham as pessoas, através da comunicação da direção, para que se crie a coalizão e o comprometimento em relação a esta visão.

Finalmente, gerentes acompanham seus planos, controlando e resolvendo problemas, e os líderes atingem a visão por meio da motivação e inspiração das pessoas, fazendo com que todos se movam na direção correta e enfrentem os desafios, considerando as necessidades, valores e emoção dos liderados (KOTTER, 1998).

Adizes (1975) apresenta quatro papéis que devem ser desempenhados pelo administrador, descrevendo a partir deles, estilos de liderança. Segundo ele, um líder, para ser competente, precisa desempenhar estes quatro papéis:

1. O papel de produtor de resultados – para o que é necessário que tenha conhecimento do seu campo de atuação;

2. O papel de administrar pessoas – que envolve um elevado grau de discricionariedade para estabelecer objetivos, planos estratégicos e políticas;

3. O papel de empreendedor e inovador – para implementar mudanças e inovação, para o que são necessárias criatividade e disposição para assumir riscos; e

4. O papel de integrador – para fundir estratégias individuais com as estratégias do grupo, para que riscos individuais tornem-se riscos coletivos, para que o empreendedorismo individual se transforme em empreendedorismo coletivo.

A partir da atuação no extremo desses quatro papéis, Adizes (1975) menciona a existência de quatro estilos puros de liderança, que, combinados, podem dar origem a vários estilos. Os quatro estilos puros são:

1. O exclusivo produtor (o solitário) – tem compulsão a fazer tudo e dificuldade de delegar autoridade para os subordinados;

2. O exclusivo administrador executor (o burocrata) – procura ditar o ritmo e dirigir os processos operacionais, utilizando, normalmente, regras e normas escritas;

3. O exclusivo empreendedor (o fazedor de crises) – enfatiza a inovação, responsabilizando-se por praticamente todos os objetivos da organização na tentativa de aproveitar simultaneamente todas as oportunidades; e

4. O exclusivo integrador (o super seguidor) – procura descobrir que plano seria aceitável pelo maior número de pessoas possível. Normalmente seu único objetivo é ser um resolvedor de conflitos, e não tem ideias próprias que gostaria de implementar.

Tannenbaum e Schimdt (1971) propõem uma abordagem situacional para a Liderança, em que postulam que o melhor estilo de liderança dependerá de três forças decorrentes da situação em que a liderança é exercida:

» Forças do administrador, relacionadas às suas forças internas: seu sistema de valores, sua confiança nos subordinados, suas inclinações pessoais a respeito da liderança e seus sentimentos de segurança numa situação incerta;

» Forças nos subordinados, que podem afetar a maneira como se comportam: conjunto de variáveis da personalidade e das expectativas de cada subordinado em relação ao líder;

» Forças na situação, que podem limitar a possibilidade da participação dos subordinados. Entre as forças da situação, destacam-se:

» Forças oriundas do tipo de organização, relacionadas ao seu sistema de valores e tradições, suas normas e estrutura;

» Forças oriundas da eficiência do grupo, dada pela sua experiência, interesse e confiança no trabalho de grupo;

» Forças da natureza do problema, em relação ao conhecimento e experiência dos membros do grupo; e

» Forças da premência do tempo, relacionadas ao tempo disponível para a tomada de decisão (situações de crise).

Segundo esses pesquisadores, o líder bem-sucedido é aquele que está consciente das forças internas que afetam seu comportamento, compreende os indivíduos e grupos com os quais tem relação, bem como as características da organização e do seu ambiente.

Senge (2004) coloca que o novo perfil de liderança é diferente do líder tradicional, que trabalhava com orientações claras e manipulações bem-intencionadas para fazer com que as pessoas trabalhassem juntas em busca de objetivos. Nesse novo perfil, os líderes são responsáveis por construir organizações onde as pessoas expandem suas capacidades de entender complexidades, esclarecer visões e aperfeiçoar modelos mentais compartilhados (SENGE, 2004, p. 368).

Segundo Senge (2004), o novo perfil exige que os líderes aprendam a exercer três novos papéis:

1. Papel de projetista de políticas, estratégias e sistemas da organização para que as pessoas possam lidar produtivamente com os problemas e desenvolvam a capacidade de aprender;

2. Papel de regente de uma visão pessoal, que muda ao aprender a ouvir atentamente as visões dos outros e transformar a visão pessoal em uma visão coletiva; e

3. Papel de professor, não apenas para ensinar as pessoas como alcançar a visão, mas principalmente para estimular as pessoas a aprenderem e entenderem as forças da mudança, tendo a capacidade de aprender e de mudar a visão se necessário.

2.4 INFLUÊNCIA DO COMPORTAMENTO ORGANIZACIONAL NA GESTÃO DE PESSOAS

A terminologia gestão de pessoas é utilizada por acadêmicos e profissionais de recursos humanos para designar, não somente a área de recursos humanos, mas para estabelecer uma nova visão nas relações de trabalho. A gestão de pessoas é um termo que tem o objetivo de dar nome e identidade ao resultado de um longo e intenso processo de mudanças que vêm se desenvolvendo nas políticas, nas práticas e nos processos de gestão (FISCHER, 2001, 2002).

Para Brandão e Guimarães (2002) também se entende gestão de pessoas como um conjunto de mecanismos, estratégias, políticas, instrumentos de gestão, processos e procedimentos, articulados de forma sistêmica, como um conjunto de partes interagentes e interdependentes, a fim de atrair, captar, reter, compensar, desenvolver e avaliar pessoas que possuam competências para atuarem com tecnologias, sistemas físicos e gerenciais inerentes a uma organização.

Chiavenato (1999) sucinta os aspectos da gestão de pessoas em três fundamentos:

1. As pessoas como seres humanos, que apresentam diferenças como a personalidade, a história, os conhecimentos e habilidades, devendo ser tratadas como pessoas e não comparadas a recursos físicos da empresa.

2. As pessoas como ativadores inteligentes de recursos organizacionais, que têm a capacidade de impulsionar a empresa com o talento, inteligência e aprendizado constante.

3. As pessoas como parceiras da organização, que investem no próprio local de trabalho, dedicando-se a alcançar e ajudar a buscar o sucesso.

Os profissionais de RH da atualidade devem estimular a construção de relacionamentos confiáveis; conhecer os negócios o bastante para se engajar nas discussões; certificar-se de que os sistemas operacionais básicos de sua área estão desenhados corretamente; participar dos processos tanto de elaboração como de execução das estratégias; conhecer a teoria e as ferramentas necessárias para identificar e administrar um talento; possibilitar que, nas empresas, as coisas aconteçam de maneira certa, no momento correto. (ULRICH, 2000).

Conforme Chiavenato (1999), a área de RH envolve os seguintes processos:

» Provisão: recrutamento e seleção;

» Aplicação: orientação, modelagem de cargos, avaliação de desempenho;

» Remuneração: remuneração, programas de incentivos, benefícios;

» Desenvolvimento: treinamento e desenvolvimento;

» Manutenção: relações trabalhistas, higiene, segurança, qualidade de vida no trabalho;

» Monitoração: banco de dados e sistemas de informações de RH.

Drucker (1981) aponta que o homem não pode ser trabalhado por um administrador e sim desenvolvido. Esta é a grande chave do sucesso da gestão de pessoas, auxiliar no desenvolvimento, crescimento, aperfeiçoamento e aprendizado dos funcionários. O gestor ou administrador é fundamental no processo de desenvolvimento de pessoal, é ele que "convive com as pessoas que administra; é ele quem determina e dirige o trabalho delas, quem as treina para que possam executá-lo, quem as avalia, frequentemente, decide seu futuro" (DRUCKER, 1981). Assim, acontece o envolvimento emocional, comprometimento do colaborador, inclinando-se mais ao trabalho intenso para atingir as metas (ULRICH, 2002).

Comparando-se as empresas atuais àquelas do início da industrialização, nota-se que certamente o mundo organizacional mudou muito. A área de Recursos Humanos deixou de ser um mero departamento de pessoal para se tornar o personagem principal de transformação dentro da organização. As pessoas eram vistas como peças substituíveis de uma máquina, e as soluções combinavam a rígida supervisão com sistemas de remuneração por peças.

Até a década de 70, as práticas de Recursos Humanos se dão como modulações em torno de um mesmo tema (o taylorismo-fordismo) e a demanda é por uma área de Recursos Humanos baseada na Psicotécnica, operando com processos padronizados para atender a uma determinada subjetividade: o trabalhador da repetição e do fragmento, o ser humano visto como um recurso que pode ser usado, descartado, substituído como qualquer outro recurso dentro da organização.

A mudança organizacional, neste período era vista como um "mal necessário", e refletia uma visão de mundo para o qual o controle era a função mais importante, o sucesso era assegurado pela capacidade de reproduzir rotinas e procedimentos, e a inovação deveria ser temida e afastada porque trazia consigo a fragmentação da ordem vigente (FISCHER, 2002).

Usar o termo modelo no lugar de sistema, área ou setor significa reconhecer, em definitivo, que a área de recursos humanos perdeu seu poder de monopólio sobre o comportamento humano nas empresas. Os elementos que compõem tal modelo vão muito além da estrutura, dos instrumentos e das práticas normatizadas de RH, abrangendo tudo aquilo que interfere de maneira significativa nas relações entre os indivíduos e a organização.

Fischer (2002) analisa o setor de Gestão de Pessoas e as suas transformações sob uma perspectiva interessante, expondo a ocorrência de quatro modelos nas organizações:

1. Modelo de Gestão de Pessoas como Departamento de Pessoa: os colaboradores são considerados como um fator de produção, cujos custos deveriam ser geridos da mesma forma que os dos demais fatores produtivos. Esse modelo corresponde ao RH burocrático, com objetivos voltados à eficácia no trabalho.

2. Modelo de Gestão de Pessoas como Gestão do Comportamento Humano: voltado para a integração, o comprometimento dos colaboradores e a adaptabilidade. Esse modelo marcou a transição do RH burocrático para uma visão mais humana de gerir pessoas, buscando verificar as condições de trabalho, as diferenças entre os indivíduos e as formas de elevar a eficiência e eficácia no trabalho.

3. Modelo de Gestão Estratégica de Pessoas: o setor de Gestão de Pessoas passa a ser vinculado às estratégias da organização, visando adaptar-se as suas necessidades e promover as pessoas como elementos de diferenciação.

4. Modelo de Gestão de Pessoas baseado nas Competências: Que somou à atuação estratégica da Gestão de Pessoas, a ênfase nas competências humanas, as quais determinam a competitividade de uma organização.

Fischer (2002, p. 16) entende por gestão de pessoas o gerenciamento do capital humano de uma organização:

Neste sentido, a definição de uma estratégia, a implementação de uma diretriz com impactos no comportamento dos empregados, a fusão ou transferência de uma unidade organizacional ou a busca de nova postura de atendimento ao cliente são intervenções de gestão de pessoas.

As organizações devem estabelecer estratégias de gestão de pessoas na busca de melhores desempenhos e resultados organizacionais. Para isto, é importante pautar-se em valores, enfatizando o aprendizado e o aperfeiçoamento contínuo:

As pessoas que trabalham nas organizações são, na verdade, muito mais que simples recursos, pois delas dependem, os resultados da organização. Se por um lado, são rotuladas como empregados por força da legislação trabalhista, por outro, são efetivos colaboradores que atuam nos diferentes níveis do processo decisório. A organização que pretende alcançar excelência deve estabelecer estratégias de gestão de pessoas.

Os modelos de gestão de pessoas estão presentes em quase todas as organizações, mas nem sempre são claros, pois é possível encontrar mais de um tipo de modelo de gestão de pessoas dentro da mesma organização. Isto ocorre porque a organização deve entender a importância de se organizar e agir uniformemente em relação a seu capital humano.

O modelo de gestão de pessoas adotado por uma organização é que vai determinar como ela se organiza para gerenciar e orientar o comportamento das pessoas no trabalho. Desta forma, os modelos de gestão de pessoas são definidos por princípios, políticas e processos que dizem respeito às relações humanas nas organizações.

Os princípios correspondem aos valores e crenças da organização. As políticas são conjuntos de princípios que estabelecem as diretrizes de atuação para atingir objetivos de médio e de longo prazo para as relações organizacionais. Já os processos são as ações que são limitadas pelos princípios e têm o propósito de alcançar os objetivos traçados através das políticas organizacionais.

As organizações determinam seus modelos de gestão de pessoas considerando fatores internos e externos.

Os fatores internos que influenciam na determinação do modelo de gestão de pessoas são: tecnologia adotada, organização do trabalho, cultura e estrutura organizacional:

a) Tecnologia adotada: o processo de automatização e robotização mudou o papel do operário que deixa de ser provedor de força e guia de ferramenta, para ser monitor de uma atividade e ele será, no entanto, responsável pela máquina. Neste caso, a tecnologia passa a determinar o comportamento e é importante a adoção de um modelo de gestão que garanta ao operário o envolvimento na tarefa e estímulo a sua iniciativa individual.

b) Organização do trabalho: é a maneira que a empresa determina o comportamento a ser adotado para seu processo de trabalho. Neste caso, o modelo de organização do trabalho está diretamente ligado ao modelo de gestão de pessoas, já que ambos os casos são compostos por práticas que incidem sobre as mesmas instâncias organizacionais – "as relações humanas na empresa – e que pretendem alcançar os mesmos objetivos: determinado padrão de desempenho no trabalho" (FISCHER, 2002, p. 14).

c) Cultura organizacional: são valores que moldam uma empresa, isto é, o conjunto de valores, atitudes, costumes e práticas cultivadas e disseminada pela organização. A cultura organizacional representa as percepções dos dirigentes e funcionários e reflete a mentalidade que predomina na organização. Sendo assim, o modelo de gestão de pessoas deve reproduzir e reforçar os pressupostos da cultura organizacional diferenciando e moldando padrões de comportamento.

d) Estrutura organizacional: é a forma pela qual, as atividades desenvolvidas por uma organização são divididas, organizadas e coordenadas. Por exemplo, uma estrutura departamental vai demandar um modelo de gestão segmentado e restritivo, assim como uma estrutura matricial sequer um modelo de gestão de pessoas mais flexível, onde a visão sistêmica seja incentivada.

Os fatores externos que interferem na determinação do modelo de gestão de pessoas são classificados segundo a origem, em duas categorias: Os advindos da sociedade e os advindos do mercado:

a) Os fatores advindos da sociedade correspondem à forma que a mesma regula o trabalho e as relações de trabalho que ocorrem em seu âmbito. Prevalecem a cultura do trabalho dessa sociedade, a legislação e a intervenção dos diferentes agentes, dentre os quais se destacam o Estado e as instituições sindicais. Essas variáveis, na maior parte das vezes, exercem mais um papel restritivo do que de definição das características do modelo, ou seja, definem os limites até os quais a organização e seus gestores podem decidir e agir na configuração de suas políticas.

b) Os fatores advindos do mercado são considerados fatores preponderantes na constituição do modelo, pois definem o perfil de competências organizacionais exigido pelo negócio no setor de atividade em que atua.

O reconhecimento do caráter dependente do modelo de gestão de pessoas e a identificação de seus fatores condicionantes permitem perceber que as variações e mudanças em nível micro, na organização, em nível meso, no setor e, em nível macro, no país e no mundo interferem no modelo de gestão de pessoas adotado por uma organização, por isto é importante entender como ocorreu a evolução da gestão de pessoas ao longo do tempo (FISCHER, 2002).

A defasagem de quase meio século entre a gestão de pessoas nas empresas em países desenvolvidos e no Brasil, levou esse último, em alguns momentos, à utilização de práticas importadas de outros países, como Estados Unidos e Japão. Não demorou muito para se perceber que tal prática não obtinha os resultados esperados e que era fundamental considerar as características específicas da cultura brasileira, influenciadas por sua história desde o período de colonização.

Três pilares da cultura brasileira, que se refletem nas práticas de RH, são eles:

a) O poder: no Brasil, há uma significativa distância de poder, ou seja, há uma concentração de poder nas mãos de quem decide, o responsável pelas tomadas de decisão. Se por um lado, isso otimiza a rapidez nas tomadas de decisão, por outro lado, aumenta o não comprometimento das pessoas com os resultados, uma vez que elas não participam das decisões;

b) As relações: o brasileiro apresenta características como ser mobilizável, afetivo, alegre e hospitaleiro, o que facilita no momento de ganhar sua adesão e comprometimento aos projetos estratégicos da empresa. Essa face mais coletivista do que individualista do brasileiro pode incorrer em perda de foco, quando as relações de amizade tornam-se mais importantes que as relações profissionais; e

c) A flexibilidade: o brasileiro possui alto grau de flexibilidade, permeada por grande adaptabilidade e criatividade. Isso facilita a convivência com os diversos paradoxos atuais, mas, por outro lado, a forte criatividade pode levar a aflorar no indivíduo o lado da esperteza, o desejo de levar vantagem em tudo o que faz, comprometendo, dessa maneira, os objetivos maiores da empresa.

Em suma, a mobilização das pessoas e a adaptabilidade (a capacidade de lidar e conviver com os opostos) são algumas das características essenciais da cultura brasileira que ditam a forma como as práticas de RH devem ser aplicadas.

Na percepção de 50% dos dirigentes de empresas nacionais, de 17% dos de multinacionais e de todos os dirigentes de estatais, a função de recursos humanos desempenha um papel fundamentalmente operacional, de executor.

Os primeiros passos da gestão de pessoas (na época chamada administração de pessoa) foram dados no século XIX pela necessidade de contabilizar os registros dos trabalhadores como as horas trabalhadas, as faltas e os atrasos para efeitos de pagamento ou de desconto.

O princípio da estruturação e formulação dos sistemas de gestão de pessoal ocorreu com a introdução do taylorismo-fordismo nas empresas, pois foi a partir daí que se instituíram alguns princípios para o tratamento do pessoal e normatização das relações empregatícias.

A espinha dorsal desse modelo era a definição do cargo, ou seja, o conjunto de tarefas associadas ao desempenho em um posto de trabalho.

Nesta época, a função crítica da empresa industrial era a produção e, dos empregados se demandava habilidade e algum conhecimento para executar as operações; dos chefes, supervisores, na maioria das vezes antigos operários, esperava-se o exercício do poder disciplinar, visando conseguir dos operários a máxima produtividade.

A gestão de pessoas surgiu da necessidade de estabelecer limites e padrões de comportamento. Estes padrões de comportamentos podem ser refletidos através das quatro grandes correntes evolutivas da gestão de pessoas (DUTRA, 2001; FISCHER, 2002):

a) Modelo departamento de pessoal;

b) Modelo gestão do comportamento humano;

c) Modelo estratégico de gestão de pessoas;

d) Modelo de gestão estratégica de pessoas ou modelo competitivo de gestão de pessoas.

O modelo departamento de pessoal surgiu nos Estados Unidos em meados do início do século XX, tendo como base os princípios taylorista-fordista. O período era de grande desenvolvimento econômico, industrialização crescente e abundância de mão de obra. A finalidade era criar um método para identificar os indivíduos adequados para trabalhar, representando o menor custo possível. A lógica vigente era que "os empregados se tornaram um fator de produção cujos custos deveriam ser administrados tão racionalmente quanto os custos dos outros fatores de produção" (FISCHER, 2002, p. 20).

Em meados dos anos 1930, os pressupostos tayloristas ainda prevaleciam em grande parte das empresas, mas a teoria já seguia para outra direção, promovendo as primeiras experiências entre administração e psicologia, determinando assim, uma nova fase histórica da visão das pessoas nas organizações.

O modelo de gestão de pessoas como gestão do comportamento humano ou teoria das relações humanas teve origem nas experiências de Elton Mayo no campo do comportamento humano no trabalho.

A teoria das relações humanas introduziu a sociologia e a psicologia à administração e, estes novos pressupostos foram determinantes para a compreensão e a interação da nova visão do trabalhador dentro da organização. Assim, sob a influência da sociologia e da psicologia, gradativamente foi crescendo o movimento de substituição da concentração exclusiva na tarefa, preocupação restrita nos custos e resultados da produção por maior liberdade no trabalho, redução da pressão, trabalho em equipe e objetivos comuns.

Posteriormente, a psicologia humanista de Maslow passou a integrar a teoria das relações humanas, interferindo decisivamente na teoria organizacional originando a expressão *human resource management*.

Para Fischer (2002) este foi o mais influente e conhecido modelo de gestão de pessoas da história da teoria organizacional e uma das principais contribuições desta corrente foi determinar que o principal papel dos gestores era intermediar a relação entre empresa e pessoas, ordenando tarefas e monitorando-as. Desta forma, as empresas estimularam o treinamento e o desenvolvimento destes gestores. Motivação, liderança e comprometimento constituíram os conceitos-chave deste modelo.

O final da década de 1970 foi marcado pela crise do petróleo que desencadeou uma forte instabilidade econômica. Neste período, entre as décadas de 1970 e 1980, dois novos conceitos foram introduzidos na modelagem da gestão de pessoas: abordagem sistêmica e abordagem estratégica. A introdução destes novos conceitos, marcou o início da fase do modelo estratégico de gestão de pessoas, tendo origem nos estudos de Ludwig von Bertalanffy (abordagem sistêmica) e posteriormente, pelas pesquisas sobre a abordagem estratégica realizadas pelas Universidades de Michigan e Harvard Business School, respectivamente.

Integrado à visão sistêmica, os estudos da Universidade de Michigan apontavam à necessidade de vincular o gerenciamento de pessoas às estratégias da organização, dessa maneira, defendiam que a forma de gerenciar os recursos humanos deveria adequar-se buscando "o melhor encaixe possível com as políticas empresariais e os fatores ambientais" (FISCHER, 2002).

Staehle (1990) salienta o caráter estratégico do grupo de Michigan, mas acredita que a perspectiva deste modelo foi melhor introduzida pelo grupo de Harvard, onde foi apontada a necessidade do modelo de gestão de pessoas considerar quatro fatores essenciais:

a) Fatores internos da organização;

b) Fatores externos à organização;

c) Interesses dos *stakeholders* (acionistas, gestores empregados, sindicatos, comunidade e governo), e;

d) Pressões situacionais.

Sendo, "a principal responsabilidade da gestão de recursos humanos integrar harmoniosamente estes quatro fatores entre si à estratégia corporativa da empresa" (STAEHLE, 1990, p. 35).

Os pressupostos de competitividade e de estratégia, já presentes no modelo estratégico de pessoas se intensificam a partir dos anos 1990, impulsionados pelos desafios impostos pela globalização crescente, encurtamento do ciclo de vida dos produtos e serviços, tecnologia, velocidade de informações e, principalmente pela chamada ofensiva japonesa que desestruturou grandes empresas americanas, no final dos anos de 1980.

Portanto, apesar dos avanços conquistados, o cenário complexo demandava um novo modelo de gerir pessoas, capaz de dar respostas assertivas e que resultassem no "alinhamento definitivo das políticas de gestão de recursos humanos às estratégias empresariais [...]" (FLEURY; FLEURY, 2006, p. 78), pois o aproveitamento do potencial humano passou a representar um diferencial para obter o resultado esperado.

A necessidade de mudança na postura das empresas e a busca por competitividade tornam-se evidentes. "A empresa competitiva precisa, mais do que nunca, compreender o elemento humano e desenvolvê-lo, o que trará implicações mais concretas para a organização [...]" (DUTRA, 2001, p. 7).

Buscando atender às necessidades impostas por este novo cenário, o modelo estratégico de pessoas evoluiu para modelo de gestão estratégica de pessoas ou modelo competitivo gestão de pessoas, onde pessoas passam a representar o papel central nas estratégias das empresas. Neste modelo, estão presentes temas como: estratégia competitiva, vantagem competitiva, reengenharia, reestruturação e competências essências.

De acordo com Fischer (2002) a procura por uma nova lógica administrativa fez com que as empresas se organizassem de forma mais conscientes, substituindo o termo recursos humanos por gestão de pessoas.

O termo gestão de pessoas também não significa, apenas, a tentativa de encontrar um substituto renovador para a desgastada noção de administração de RH. Seu uso, hoje bastante comum nas organizações, procura ressaltar o caráter da ação – "a gestão" e seu foco de atenção: "as pessoas". Uma empresa é administrada, mas uma relação humana pode, no máximo, ser gerida – isso quando se admite que os dois agentes têm consciência e vontades próprias [...]. Hoje o papel do homem no trabalho vem se transformando. Suas características mais humanas – o saber, a intuição e a criatividade – são valorizadas. Temos de reconhecer que gerimos nossas relações com as pessoas, não com os recursos, o que demonstra a transição para a realidade empresarial radicalmente diversa (FISCHER, 2002, p. 20).

Entretanto, se no modelo estratégico de pessoas, o papel do gestor era adaptar as pessoas a estratégia do negócio, na lógica de gestão estratégica de pessoas, os colaboradores passam a ser a chave da estratégia e os gestores devem motivá-las para que, através de suas competências, agreguem valor à empresa (FISCHER, 2002).

Em outras palavras, os gestores deixam de gerenciar pessoas e passam a gerenciar com as pessoas, o que também os faz ter a responsabilidade de incentivar a participação das pessoas nos processos decisórios e estratégicos da empresa (RAMPERSAD, 2004).

Logo, o modelo de gestão estratégica de pessoas deve buscar a inovação e introdução de melhorias, sejam elas no desenvolvimento de um novo produto ou processo, na elaboração de uma nova estrutura, na formação ou desenvolvimento de uma equipe, na implementação de um plano, ou mesmo, na adequação dos comportamentos existentes na organização.

As mudanças no cenário socioeconômico global, a partir da década de 1990, exigiram das organizações elevado grau de flexibilidade, orientação para o cliente, qualidade de produto e eficiência. Ocasionando, alterações na força de trabalho pela grande dificuldade de controlar comportamentos, pois os trabalhadores passaram a exigir maior autonomia e liberdade no trabalho. Estas pressões fizeram com que as organizações buscassem novas formas de gestão de pessoas (SANDBERG; TARGAMA, 2007).

Para Sandberg e Targama (2007) foi a partir desta constatação, que para atrair trabalhadores, as organizações adotaram modelos de gestão mais descentralizados e participativos. Além disso, passaram a oferecer trabalhos que incluíssem a tomada de riscos, independência e liberdade, onde o funcionário usasse seu próprio julgamento no trabalho, pois, segundo Meireles (2001) sistemas de trabalho ágeis, flexíveis e com processos simplificados estimulam a proatividade das pessoas.

Este novo modelo de gestão demandava uma liderança baseada em diálogo, onde era preciso que as pessoas compreendessem a sua tarefa e seu papel na organização.

Assim, as organizações passaram a depositar maior confiança em seu pessoal e para manter algum controle sobre o desempenho do trabalho, os gestores deveriam ser capazes de influenciar as pessoas, encorajando-as a serem mais construtivas, motivando-as no aperfeiçoamento de suas atividades e levando-as a compreender a estratégia do negócio e sua própria tarefa na organização (SANDBERG; TARGAMA, 2007).

A iniciativa de desenvolver e melhorar os negócios da empresa deixou de representar tarefa apenas dos gestores e especialistas. A gestão da empresa passou a ser essencialmente feita de diálogo entre alta administração, líderes e demais funcionários, com o objetivo comum de melhorar a gestão do negócio.

As pessoas deixam de ser obedientes e tornam-se mais autônomas, em contrapartida, as empresas necessitam de trabalhadores com visão empreendedora e dinâmica. O sujeito passivo, aquele que aceita tudo, não é mais bem visto e, agora quem é questionador e age de maneira proativa é exaltado. A forma de gerenciar pessoas perde o foco de controle e tem como base o desenvolvimento do indivíduo.

As empresas deixam de ver as pessoas como fator de produção e reconhecem que os indivíduos são essenciais para o sucesso da empresa.

Apesar das transformações mencionadas, a maneira de gerir pessoas não condiz com a realidade empresarial e, na prática, muitas empresas ainda trabalham com a visão tradicional de pessoas, pois não conseguem vislumbrá-las como fonte de valor (DUTRA, 2001).

Credita-se a isto, o fato de que não existe um modelo pronto de gestão de pessoas que substitua o tradicional e atenda às necessidades das organizações.

No entanto, Dutra (2012) acrescenta que as empresas que criaram ou adaptaram um modelo condizente com o perfil atual das pessoas, têm conseguido obter bons resultados com suas novas propostas de gestão de pessoas.

Organização e pessoas, lado a lado, propiciam um processo contínuo de troca de competências. A empresa transfere seu patrimônio para as pessoas, enriquecendo-as e preparando-as para enfrentar novas situações profissionais e pessoais, dentro ou fora da organização. As pessoas, por seu turno, ao desenvolver sua capacidade individual, transferem para a organização seu aprendizado, dando-lhe condições para enfrentar novos desafios (DUTRA, 2012, p. 126).

Portanto, para elaborar ou adaptar um modelo que gerencie pessoas de forma estratégica, aconselha-se observar as propostas dos modelos já existentes e, a partir deles, encontrar elementos comuns que possam ser moldados às necessidades e realidade de cada organização, podendo assim, toda a empresa ter um modelo de gerir pessoas adaptado ao seu contexto (DUTRA, 2012).

A Gestão de Pessoas deve propiciar um ambiente organizacional no qual todos consigam colaborar da melhor maneira possível na utilização dos recursos disponíveis, na busca de um desempenho superior e no desenvolvimento de competências individuais, organizacionais e essenciais. Porém: esta tarefa não é fácil, principalmente pelo fato de as organizações priorizarem resultados a curto prazo e não a médio e longo prazo, o que está estritamente relacionado ao fato de utilizarem a gestão por competências apenas como uma ferramenta gerencial, quando o indicado pelas correntes teóricas atuais seria utilizá-la como uma filosofia que precisa ser entendida, exercitada, estimulada e adequada à estratégia.

Ulrich (2004) apresenta oito grandes desafios para o RH no novo cenário competitivo:

> **Globalização:** demandará um RH mais ágil, eficiente e competitivo globalmente. O RH terá de ser capaz de desenvolver capacidades globais, de movimentar continuamente talento, ideias e informações pelo mundo para criar produtos e serviços que agreguem valor para clientes mundiais;

> **A cadeia de valor para a competitividade empresarial e para os serviços de RH:** o foco das práticas de RH deve ser voltado para as demandas de seus clientes (internos e/ou externos), fornecedores e consumidores;

> **Lucratividade entre custo e crescimento:** independente do caminho tomado para o crescimento, seja ele através da influência dos consumidores, ou da criação de novos produtos ou ainda de fusões, aquisições ou *joint ventures*, o RH enfrentará desafios tais como capacitar melhor as pessoas, contribuir na definição de novas e importantes competências e trabalhar a compatibilidade cultural entre empresas adquiridas;

> **Foco na capacidade:** as organizações têm que: construir confiabilidade; abolir as fronteiras hierárquicas, horizontais e externas; adquirir capacidade de mudança, de flexibilidade e agilidade necessárias à inovação e, por fim, aprender sempre. Caberá ao RH o desafio de desenvolver as capacidades organizacionais com vistas à competitividade;

- » **Mudança de parâmetros:** o desafio do RH passa a ser o de ajudar a empresa em seu processo de mudança, na definição de um modelo organizacional e no patrocínio de sua constante aplicação;
- » **Tecnologia:** com a velocidade tecnológica inerente ao mundo globalizado, caberá ao RH o desafio de buscar novas formas de aproveitar ao máximo a tecnologia disponível, tornando-a parte contributiva (e não impeditiva) do processo de crescimento;
- » **Atração, retenção e mensuração da competência e do capital intelectual:** o RH terá a tarefa de encontrar formas para atrair e reter os melhores profissionais, bem como de criar mecanismos de disseminação do conhecimento já existente e o adquirido na organização; e
- » O RH deverá estar voltado para o desafio da transformação, sendo esta aqui entendida como algo que afeta a imagem que o consumidor tem da organização – reversão não é transformação. E é neste sentido – o de se concentrar na transformação positiva e duradoura – que os profissionais de RH devem trabalhar.

3. COMUNICAÇÃO EMPRESARIAL E DESENVOLVIMENTO DE EQUIPES

A comunicação empresarial vem passando por um processo de grande transformação. O aumento da competitividade, a necessidade de trabalhar com diferentes públicos, o que sugere diferentes conteúdos, discursos e/ou linguagens, a segmentação da mídia e as inovações tecnológicas têm alterado os processos comunicacionais dentro da organização, seja no processo de gestão, seja pela agilidade e interatividade no relacionamento com os públicos de interesse. Exige-se das empresas comunicação transparente, uma via de mão dupla, com mecanismos formais que facilitam a abertura de canais de comunicação interna.

Comunicação empresarial tem por função estabelecer os canais de comunicação e respectivas ferramentas para que a empresa fale da melhor maneira com seus diferentes públicos e analisar as possibilidades de relacionamento com estes públicos devem estar integradas e alinhadas pela mesma visão estratégica, por um discurso uniforme e pela coerência das mensagens. Na era da informação, a maior e mais duradoura vantagem competitiva vem do conhecimento e depende fundamentalmente do domínio da informação em tempo real, do conhecimento das tecnologias digitais de comunicação e da segurança no dinamismo dos processos.

Ou seja, surge a necessidade de que as organizações se preocupem com o monitoramento das informações e a abertura do diálogo com seus diferentes grupos de interesse, sendo preciso olhar para a comunicação como possibilidade de (re)construção.

A comunicação empresarial (também conhecida como organizacional e/ou corporativa) pode ser definida como um conjunto de atividades, ações, estratégias, produtos e processos, que as empresas ou entidades partilham para reforçar a imagem junto aos públicos de interesse ou à opinião pública. É por meio da comunicação que elas compartilham seus objetivos e metas, levando aos consumidores finais seus diferenciais competitivos.

A comunicação empresarial compreende a comunicação administrativa, mercadológica e institucional empreendida por entidades privadas ou públicas.

3.1 CONCEITO DE COMUNICAÇÃO EMPRESARIAL

Todas as organizações, independentemente dos modelos administrativos, têm na comunicação um processo complexo, integrante de suas políticas, seus planejamentos e suas ações.

A comunicação dentro das organizações deixou, portanto, de ser um mero conjunto de atividades desenvolvidas de maneira fragmentada para constituir-se, em um processo integrado que orienta o relacionamento da empresa ou entidade com todos os seus públicos de interesse, estimulando-a a criar uma cultura de comunicação e atendimento, com a valorização dos agentes ativos, os públicos internos.

Na atualidade é possível visualizar a ideia de inteligência empresarial, ou seja, incorporar ações voltadas para funcionários, clientes, acionistas, imprensa, sindicatos, parlamentares, entidades e grupos organizados e mobilizados da comunidade, e aumentar a relação entre a empresa e a sociedade. Essas ações só são possíveis por conta dos meios de comunicação: os tradicionais, como os orais (relacionamentos face a face), os impressos (boletins, jornais, revistas, manuais, relatórios etc.) e os audiovisuais (vídeos, televisões corporativas), além dos meios digitais.

Logo, as ações de comunicação empresarial só podem ser concretizadas e, de fato, praticáveis quando os públicos de uma empresa estão bem definidos.

Kotler (1998), ao definir o ambiente de marketing de uma empresa, inclui sete tipos de públicos, considerados grupos de pessoas com interesses na empresa ou que cause impacto na capacidade da empresa de atingir os objetivos finais. Sendo eles:

» Públicos financeiros: influenciam a capacidade da empresa de obter fundos. Podem ser consideradas as instituições bancárias, empresas de investimentos e acionistas.

» Públicos de mídia: são os que divulgam notícias e que exprimem opiniões editoriais. Nesta lista, temos os veículos de comunicação, como jornais, revistas, estações de rádio e canais de televisão.

» Públicos governamentais: as ações da empresa devem agir de acordo com as ações estipuladas pelos governos, nas instâncias municipais, estaduais e/ou federais.

» Grupos de interesse: as decisões da empresa podem ser questionadas por organizações de consumidores, grupos de ambientalistas, representantes de minorias e outros.

» Públicos locais (ou de entorno): estão incluídos nessa relação os vizinhos da organização e organizações comunitárias, que podem se organizar em movimentações contrárias à organização.

» Público geral (ou consumidores): a atitude do público em relação a produtos e serviços é o que determina as vendas, os preços e a imagem da organização.

» Públicos internos: incluem empregados, gerentes, voluntários e diretores. São os embaixadores da marca, podendo alavancar os lucros (e influenciar o público externo) ou levar a empresa à ruína.

De acordo com Berlo (1999), quando uma fonte envia uma mensagem, que sempre tem uma intenção, ela pretende provocar alguma resposta no outro, no receptor. Em termos psicológicos, ela produz um estímulo a fim de provocar uma reação. Se o receptor reage ao estímulo, seja de forma pretendida ou não, a comunicação aconteceu; se ele não reagir, a comunicação não ocorreu.

Sendo assim, a comunicação pode estar associada com a mudança de comportamento ou mesmo aprendizado através do seguinte processo: o estímulo é dado (mensagem), o receptor percebe o estímulo e o interpreta (decodifica), o receptor elabora uma resposta experimental a este estímulo (analisa a relação receptor-fonte), reflete sobre as consequências desta resposta e prepara novas respostas (codifica); se o estímulo é aceito cria-se uma reação (*feedback*). Para que esta reação vire um hábito ou um comportamento, o receptor precisa perceber os benefícios desta mudança.

Verifica-se que o ser humano busca reduzir sua tensão interna, ou seja, aumentar a certeza de que suas ideias e convicções são compatíveis com o ambiente em que opera. Por este motivo, uma mudança de comportamento só será adota se ele perceber que esta mudança pode lhe trazer mais benefícios que o atual comportamento. Como também, se ele perceber que a recompensa esperada é maior que a energia necessária para realizar a mudança.

Mariotti (1999) afirma que o grande poder da comunicação para o desenvolvimento de uma organização está na sua possibilidade de causar reações e mudanças nos indivíduos. Alternando, assim, seus estados de negentropia (estado de ordem) e entropia (estado de desordem) e, assim, possibilitando a mudança.

Bueno (2003) acrescenta ressaltar que, no mundo contemporâneo, os trabalhadores também têm o direito de expressar suas opiniões nesses meios mantidos por uma organização.

Para Bueno (2003), a construção de uma cultura de comunicação não é uma tarefa fácil porque implica, necessariamente, conscientizar todos os públicos internos, especialmente os que ocupam postos de comando, da importância da livre circulação de informações, das vantagens da livre expressão de ideias e da necessidade de conviver com a diversidade. Especialmente em organizações autoritárias (obviamente, elas jamais se autoproclamariam dessa forma), uma relação mais democrática e participativa é vista como uma ameaça, colocando-a como um tipo ideal, não uma realidade palpável.

Podemos analisar na comunicação o papel da interação no processo de negociação dos valores e comportamentos que são considerados válidos por um determinado grupo, ou seja, na formação de sua cultura, bem como alertam que a cultura precisa ser considerada para que ocorra uma comunicação eficiente.

A comunicação participa do processo de construção da cultura, a cultura é um elemento fundamental do processo da comunicação. Planejar a comunicação sem levar em consideração o conjunto de valores, normas e comportamento de um grupo é insensato.

O que desperta a atenção das pessoas é determinado pelo que essas pessoas são enquanto indivíduos e pelas características culturais de suas comunidades; ou seja, não é a intensidade ou frequência de uma mensagem que vai fazê-la ser ouvida por elas; é o fato de a mensagem ser ou não significativa para elas.

A cultura organizacional revela-se e é revelada pela comunicação. Logo, a relação de dependência mútua entre comunicação e cultura se torna óbvia na análise de qualquer um destes dois processos sociais.

A cultura de uma empresa está oculta em todas as suas ações: na sua estrutura, nos seus alojamentos, na forma como as coisas são organizadas. Isso parece muito lógico através da reflexão de que todas as concepções humanas nascem de uma ideia, logo não é de se estranhar que tudo numa organização pareça reafirmar esse conjunto de ideias preconcebidas da cultura. É por este motivo que muitas vezes a cultura organizacional parece refletir muito a personalidade de seu fundador.

Assim, a cultura organizacional é produto de um grupo social, que tanto a dissemina, quanto a transforma com o passar dos anos, a cultura organizacional não se refere somente às pessoas, seus relacionamentos e suas crenças, mas também a seus pontos de vista sobre os produtos da empresa, as estruturas, os sistemas, sua missão, formas de recrutamento, socialização e recompensa.

A comunicação é eficiente quando o receptor (aquele que recebe a mensagem) compreende a informação. É eficaz quando o emissor (aquele que emite a mensagem) consegue os resultados desejados do receptor, e é efetiva quando esses resultados perduram pelo tempo necessário. Não basta, portanto, que a comunicação seja apenas eficiente, pois o receptor pode compreender a mensagem, mas não agir na direção do objetivo pretendido pelo emissor. É bom destacar que a comunicação entre pessoas ocorre com diferentes estilos, por uma razão muito simples: os homens são seres únicos, não existe um igual ao outro.

3.2 PROCEDIMENTOS CRÍTICOS PARA A COMUNICAÇÃO EM EQUIPE

A dinâmica de uma organização, segundo a qual se coordenam recursos humanos e materiais para se atingir objetivos definidos, desenvolve-se por meio da interligação dos integrantes, que são informados e informam ininterruptamente sobre seu andamento.

Segundo Marchiori (2008), a exigência que se impõe é a de criação de ambientes organizacionais flexíveis, mutáveis, ágeis e dinâmicos, dispostos e prontos para o desenvolvimento de novos processos, sejam eles na arquitetura, tecnologia ou de recursos humanos.

Quando nos referimos ao processo de comunicação nas organizações temos em mente todos os elementos básicos que dele fazem parte: fonte, codificador, canal, mensagem, decodificador e receptor. No entanto, não podemos deixar de considerar o aspecto relacional que envolve todo o processo.

Isto se deve pelo fato de esses elementos estarem inseridos num determinado contexto social, condicionados ao universo cognitivo de cada pessoa que emite ou recebe mensagem e a todo um conjunto de fatores internos e externos, todo o processo de comunicação na organização sofre muitas interferências. Tamanha é a complexidade do processo que se toma difícil até mesmo diagnosticá-lo, dados o volume e os diferentes tipos de comunicações existentes.

Quando falamos em comunicação de pessoa para pessoa, quais os fatores, na fonte, no receptor, na mensagem e no canal que determinam a efetividade da comunicação e a fidelidade do processo? O que aumenta ou diminui a possibilidade de que esse processo gere a ação pretendida?

Começaremos analisando o essencial, em se tratando de comunicação interpessoal, ou seja, os fatores ligados ao emissor e ao receptor que interferem na produção de mensagens, na interpretação e produção de respostas. Ao seguir a nossa análise, lembre-se: no processo de comunicação, esses papéis, emissor e receptor, são continuamente trocados. Agimos tanto como emissores quanto como receptores. Logo, temos responsabilidade sobre a mensagem que produzimos, tanto ao agirmos como emissores (produzindo a mensagem de origem) quanto ao agirmos como receptores (produzindo a mensagem de resposta).

Podemos classificar esses fatores em três espécies: conhecimentos, habilidades e atitudes.

Sendo assim, é reconhecido que o nível de conhecimento sobre o assunto objeto da comunicação é relevante para a sua efetividade. Ninguém pode esperar ter um resultado fiel ao pretendido ao se comunicar sobre um assunto que não conhece. Por outro lado, se o receptor não conhece o código não entenderá a mensagem.

Isso fica claro em uma situação em que o emissor é alguém especializado no assunto que vai ser tratado. Ele pode incorrer no erro de usar uma linguagem que lhe é extremamente familiar e que é desconhecida para o receptor.

Experimente observar, em uma reunião, a linguagem usada por alguém da área de informática e a reação facial das pessoas que estão ouvindo. Nesse exemplo, de quem é a responsabilidade sobre a compreensão da mensagem? Do emissor ou do receptor? De ambos.

Em uma época marcada pelas mudanças, em que as evoluções tecnológicas e científicas desencadeiam uma verdadeira avalanche de novidades, provocando repercussões econômicas, políticas e, principalmente, sociais, o profissional deve ser capaz de compreender o contexto em que vive. Ele deve acompanhar de perto os acontecimentos e ter um pensamento sistêmico, capaz de fazê-lo compreender todas as mudanças que esses acontecimentos podem originar.

Mais ainda, na gestão, o líder deve ser capaz de influenciara linguagem do seu grupo, levando até ele o conhecimento que adquire, o que é importante para que aquelas pessoas desenvolvam a sua própria percepção sistêmica. O mesmo ocorre nas verdadeiras equipes de trabalho, em que uns são responsáveis pelos outros. Ele deve, no mínimo, provocar na sua equipe a incômoda e saudável sensação de que há muita coisa para conhecer e aprender. Dessa forma está estabelecendo uma ação de *feedback*, indispensável ao processo de aprendizagem contínua.

A comunicação empresarial engloba um grupo heterogêneo de atividades como relações públicas, estratégias organizacionais, marketing corporativo, propaganda corporativa, comunicação interna e externa, enfim inúmeras ações voltadas, fundamentalmente, para os públicos ou segmentos com os quais a organização se relaciona. Devido à estrutura hierárquica e vertical das organizações, o poder e a comunicação dentro desse ambiente fluem de maneira ordenada do topo da pirâmide para a sua base. Ao longo dos anos, esse modelo piramidal tem caminhado aos tropeços, vítima de sua própria estrutura considerada desatualizada e elitista. Apesar de bastante criticada, essa forma de organização ainda persiste, já que até agora não apareceu nada melhor ou mais eficaz para substituí-la. Isso não quer dizer, contudo, que ela não tenha sofrido alterações. Pressionada por problemas atuais como economias instáveis, inquietações políticas ou carências sociais, a estrutura hierárquica tornou-se impotente para a tarefa de apresentar resultados eficazes e efetivos. Esse fracasso da hierarquia em resolver os dramas da sociedade levou as pessoas a se comunicarem muito mais umas com as outras, a trocar ideias e informações, num processo que vai se expandindo, formando uma nova estrutura que se pode chamar de rede (*networking*). Em termos simples, pode-se explicar que as redes se constituem por pessoas falando umas com as outras, partilhando informações e recursos.

3.3 EQUIPES E SUAS LIMITAÇÕES

A equipe deve ser coletivamente responsável por uma substancial parcela gerenciável do negócio; o arranjo do trabalho deve facilitar o relacionamento social que leva à cooperação; os indivíduos devem ter a oportunidade de aprender todos os trabalhos desenvolvidos neste segmento organizacional; as equipes devem ter a autoridade, materiais e equipamentos necessários à execução de suas tarefas e o retorno requerido para avaliar seu desempenho.

A razão pela qual alguns esforços de equipe têm mais sucesso do que outros é bastante complexa, mas inclui variáveis como a capacidade dos membros da equipe, o tamanho da equipe, o nível de conflito e as pressões internas sobre seus membros para se conformarem às normas da equipe. Toda equipe de trabalho tem um conjunto distinto de recursos determinado por sua associação que incluem variáveis como inteligência e motivação dos membros. Ela também tem uma estrutura interna que define os papéis dos membros e as normas. Esses fatores recursos dos membros da equipe e estrutura determinam padrões de interação e outros processos dentro da equipe. A relação processo/desempenho/satisfação da equipe é moderada pelo tipo de tarefa em que a equipe está trabalhando.

Ao se compor uma equipe as pessoas trazem seus conhecimentos, suas formas de expressão, vivências e valores, com isso manifestam também seus sentimentos, preconceitos e normas nas quais baseiam sua conduta. A interação que surge, a partir desse convívio, possibilita que seus membros se conheçam e identifiquem semelhanças. Isso servirá de base para definir as normas coletivas em tácitas ou explícitas, na atuação da equipe.

Alguns fatores condicionam o processo da atuação do grupo no trabalho em equipe, como as histórias individuais de cada membro, a história ou cultura do grupo que são baseadas em acontecimentos ou situações que marcaram a consolidação do grupo, o contexto que pode incluir desde a paisagem à estrutura social e a aproximação dos membros do grupo.

Mohrman *et al.* (1995) afirmam que outro fator que também dificulta a implementação do trabalho em equipes é o não entendimento do que vem a ser essa forma de trabalho. Em geral, isto faz com que as organizações gastem tempo e não consigam implementar o trabalho em equipes de maneira satisfatória. Geralmente subestima-se a extensão e a dificuldade de sua implementação.

As maiores fontes de ineficiência de uma equipe são os atritos causados pela estrutura, pela falta de comunicação, e pela falta de integração dos esforços dos membros da equipe. O atrito causado pela estrutura decorreria da não continuidade dos participantes, por eles terem sido emprestados temporariamente. Ao trocar participantes, é necessário um tempo para que o novo membro simplesmente reveja e entenda o que outros fizeram antes dele assumir. Esse fator, mais a falta do comprometimento do membro com a equipe, vinculada às trocas de participantes, afetará a eficiência e a eficácia da equipe. Outra fonte de atrito causada é a falta de controle direto do líder sobre os participantes e sobre os recursos materiais. Sem esse controle direto, demanda mais tempo e esforço para conseguir os recursos materiais e humanos necessários.

A execução do trabalho por meio de equipes deve ser realizado somente em situações com alto grau de dificuldade, onde seja necessária cumplicidade e a participação efetiva de diversos membros da organização que utilizem suas habilidades complementares para solucionar um problema específico: em contraposição, existem atividades tipicamente operacionais e rotineiras, onde o tempo necessário para discussões em equipes, do ponto de vista estratégico, pode ser melhor aproveitado.

Por estes motivos, a necessidade da adoção de equipes de trabalho deve ser criteriosamente estudada pelos dirigentes, e uma vez decidida por sua implementação, a organização deve estar consciente de que o sucesso da empreitada exige a adoção de um processo lógico, sistemático e constante (BOYETT e BOYETT, 1999).

Sendo assim é fundamental que as equipes tenham o apoio incondicional da empresa, e que um treinamento adequado seja oferecid(

cada vez que uma nova equipe é formada. A utilização de equipes exige mudanças de atitude e de comportamento dos dirigentes e das pessoas: somente se a ideia de implementação de equipes estiver firmemente apoiada nos planos estratégicos da empresa estas mudanças podem se enraizar.

Como desvantagens do trabalho em equipe destacam-se: o poder da equipe em pressionar o indivíduo, ou seja, aquele que tiver opinião diferente pode ser forçado a aceitar o juízo da maioria. Nesta situação, pode ocorrer que esse integrante acate a maioria apenas para evitar conflito.

Outra desvantagem: alguém pode ficar sobrecarregado de tarefas. Apesar dos trabalhos serem repartidos, compartilhados e mesmo delegados, alguns membros podem repassá-los a um indivíduo, sobrecarregando-o.

O tempo gasto para se trabalhar em equipe é maior, quando comparado ao trabalho individual, devido às diferentes posições/opiniões dos membros da equipe.

As desvantagens no trabalho em equipe estão associadas à natureza humana. Tais desvantagens podem e devem ser sanadas, a fim de não comprometer algo maior: o bem comum.

A questão, portanto, não é ignorar ou descartar o indivíduo considerado dissonante, mas procurar compreendê-lo dentro de suas necessidades, assim como adaptá-lo ao processo, pois deve prevalecer o senso crítico comum e este nem sempre é a maioria absoluta dentro da equipe.

Delegando-se tarefas, autoridades e responsabilidades às equipes, estas estarão aptas a procurar soluções para os seus problemas e desafios, aliando sua experiência profissional à pessoal na busca de resultados.

3.4 MAPEAMENTO DE COMPETÊNCIAS

A organização de alta performance é uma organização que apresenta um desempenho consistentemente melhor do que os concorrentes durante um longo período de tempo, superando também as expectativas de clientes, acionistas e funcionários. Dentre os principais desafios que as organizações enfrentam mudando de um ambiente tradicional a um ambiente de alta performance estão o desenvolvimento de equipes e de uma cultura de apoio da administração da empresa.

Um grupo é um envelope que faz indivíduos ficarem juntos. O envelope é como uma membrana de dois lados; um está voltado para a realidade exterior e o outro lado está voltado para a realidade interior dos membros do grupo. Pelo lado externo, o envelope grupal edifica uma barreira protetora contra o exterior, realizando um filtro que distingue energias a acolher e informações a receber. Na parte interna do envelope, é estabelecida a rede de regulamentos, de costumes, de ritos, de atos e fatos com valores próprios, atribuições de lugares dentro do grupo, particularidades de linguagem falada entre os membros e conhecidas somente por eles.

Desde o momento em que um conjunto de pessoas passa a ser denominado grupo, ele estará sob a influência de três tipos de fatores: o ambiente, o próprio grupo e o indivíduo, que constituem os aspectos essenciais para que alguns grupos venham a se transformar em equipes e outros não.

Um grupo sofre a influência do ambiente dentro do qual foi formado e vive: o tipo de organização na qual se encontra, as definições estratégicas e operacionais, a facilidade ou dificuldade material ou psicológica que tem para trabalhar e muitos outros fatores que irão afetá-lo positiva ou negativamente.

As decisões gerenciais determinam o nível de influência sobre a formação, modificação ou supressão de grupos dentro da estrutura formal. Na verdade, qualquer ambiente oferece ameaças e oportunidades, que podem ser reais ou imaginárias, percebidas pelo grupo, afetando sua coesão, sentimentos e interações.

Os grupos distinguem-se uns dos outros por causa de suas propriedades intrínsecas, entre estas, destacam-se o tamanho, a idade, a ideologia peculiar, o tipo de missão e o efeito sinérgico que o conjunto de indivíduos produz como resultante de sua agregação. Grupos recém-formados, por exemplo, tendem a apresentar comportamentos diferentes daqueles cujos membros coexistem já há certo tempo, mas isso não quer dizer que os que já convivem há mais tempo sejam mais integrados. Às vezes, um grupo recém-formado pode apresentar uma coesão mais forte, facilitando o trabalho.

O indivíduo possui um conjunto de características que constitui o terceiro fator de influência na constituição de um grupo. São elas traços de personalidade, valores, interesses, aptidões e experiências, entre outras, e que, na interação com as características dos demais membros do grupo, contribuem para formação de uma identidade com perfil de desempenho específico.

Os tipos de influência ambiente, grupo e indivíduo combinam-se uns com os outros, de maneira a estruturar o grupo, com identidade e perfil próprios, determinando os comportamentos. Em outras palavras, um grupo de trabalho com potencial de equipe deve manifestar simultaneamente dois tipos de comportamento: os dirigidos para a execução da tarefa, e os dirigidos para a eficiência e o bem-estar das relações pessoais, isto é, para a manutenção do próprio grupo.

Quando esses dois comportamentos estão bem equilibrados, o grupo começa a evidenciar a capacidade de trabalhar em equipe. Como produto final desse equilíbrio, o grupo tem grande chance de alcançar sucesso no desempenho e no domínio da execução da tarefa, gerando a satisfação psicológica de seus membros.

O treinamento sobre como trabalhar em equipes deve ser oferecido não somente aos membros das equipes, mas principalmente aos executivos envolvidos nas iniciativas de implementação e desenvolvimento de equipes. O primeiro requisito é que os executivos estejam comprometidos o suficiente para comparecer aos treinamentos caso contrário, as equipes começam a se desenvolver num ambiente em que o apoio da empresa está nas mãos de quem não leva o conceito de equipes a sério.

Os responsáveis pela implementação de equipes, portanto, devem sempre lembrar que este não é um evento isolado, mas uma tarefa contínua, um processo, que é preciso estimular, manter e gerenciar constantemente. Parte deste esforço é identificar as condições que facilitam o trabalho colaborativo.

Desta forma o líder tem papel preponderante na facilitação do equilíbrio entre desempenho e satisfação psicológica, propiciando o desenvolvimento do grupo em equipe.

Certamente, as mudanças constituem um desafio que exige investimento de todos os envolvidos no processo, desde a base técnica até a alta direção, o que requer na maioria das vezes uma transformação na cultura e na estrutura das empresas. Boa parte delas possui uma estrutura piramidal de poder ou está fixada numa cultura conservadora, embora com um discurso de administração inovadora fundamentado em qualidade e produtividade. Outras ainda, apesar de bem-intencionadas, confundem a criação de equipes com delegação de poderes e práticas aparentemente participativas. Além disso, equipes não são a solução para resolver todos os problemas das organizações e tratar de todos os desafios de desempenho, embora, geralmente, superem os resultados alcançados por grupos e pessoas que trabalhem isoladamente.

Para que os gestores exerçam o poder com sucesso, deverão ser sensíveis à fonte de poder, ou seja, deverão influenciar pessoas e situações; reconhecer custos, riscos, benefícios; admitir que cada uma tem seus méritos; possuir objetivos de carreira; agir com maturidade e exercitar o autocontrole, compreendendo assim que a competência é necessária para as realizações.

O gestor, ao liderar, deve ter autoconhecimento, autodesenvolvimento, sensibilidade e habilidade para lidar com diferenças e obter a adesão das pessoas à sua causa, que deve necessariamente estar atrelada aos negócios da empresa. O compartilhamento do poder, pelo líder, pode ser fator motivacional para as demais pessoas da equipe, ao mesmo tempo em que se revela como estratégia para a organização responder, com agilidade, às mudanças ocorridas no mundo contemporâneo.

Portanto, formar equipes que possam maximizar talentos individuais é de vital importância para o sucesso de qualquer empresa que utilize equipes de trabalho como parte de sua estrutura organizacional. Um dos maiores desafios desta tarefa está no processo seletivo, pois muitas vezes os membros são escolhidos pelas razões erradas (ex.: escolher por razões emocionais ou puramente por afinidades pessoais, ou por manter políticas).

Não existe um manual nem receita para garantir o desempenho eficiente, eficaz e efetivo de uma equipe. O desempenho é influenciado por um conjunto de elementos internos e externos às equipes, que precisam ser examinados e avaliados periodicamente para que eventuais desvios ou eventos desagregadores sejam enfrentados e superados, para que elas possam continuar progredindo. Uma verdadeira equipe investe tempo e esforço no sentido de explorar novas formas e meios, ajustando-se, procurando acordo e reafirmando compromissos em torno do objetivo comum. A prática de uma equipe é uma redescoberta cotidiana das possibilidades do trabalho, tanto em relação às tarefas quanto às relações interpessoais.

De acordo com Tonet *et al.* (2009) para a eficiência de uma equipe é importante considerar cada um dos fundamentos seguintes quando estiver avaliando a atual situação da sua equipe, de trabalho, tais como:

» O número de participantes é suficientemente pequeno para garantir comunicação, interatividade e buscar acordo sobre cursos de ação específicos?

» Os membros da equipe estão esclarecidos a respeito de suas responsabilidades individuais, bem como de suas responsabilidades comuns?

- » Existem níveis adequados de conhecimentos complementares ou potencial para adquiri-los nas três categorias (solução de problemas; funcional/técnico; e relacionamento interpessoal)?
- » As metas específicas são realmente metas de equipe ou apenas de uma só pessoa (do líder, por exemplo)?
- » A abordagem de trabalho é clara, realmente entendida, e com ela concordam todos os participantes? Será que ela é concreta e resultará na realização das metas?
- » Existe um propósito verdadeiramente significativo e abrangente que possa ser almejado por todos os participantes?

Tonet *et al.* (2009) menciona que podemos identificar alguns fatores que criam a possibilidade de concretizar o melhor desempenho das equipes.

- » Formar equipes por competências complementares para que possam trocar informações, desenvolver novas ideias, aumentar seus conhecimentos, resolver problemas a partir desse intercâmbio e tomar decisões.
- » Estabelecer um objetivo comum, meta e direção para que todos saibam quais as expectativas em relação ao desempenho e ao propósito de equipe. A maioria das pessoas necessita ser desafiada a atuar de forma direcionada.
- » Selecionar participantes com base na capacidade de relacionamento interpessoal, e não em função de traços de personalidade, ou seja, pessoas com competência para lidar com as diferenças.
- » Trocar percepções periódicas e programadas para refletir sobre atitudes e comportamentos facilitadores e dificultadores da integração do grupo, removendo obstáculos, confrontando experiências e expectativas, com o objetivo de fortalecer o espírito de equipe, reelaborando propostas de cooperação e ajuda mútua.

» Estabelecer normas de organização e funcionamento da equipe, a fim de promover compromisso e confiança na execução das tarefas. As normas devem ser para valer e cumpridas por todos, para que os membros da equipe não percam a credibilidade uns nos outros, o que pode gerar insegurança, desmotivação, distribuição desigual de esforços, podendo desagregar a equipe. Responsabilidade mútua requer confiança, interdependência e quantidade equivalente de trabalho real.

» Definir algumas tarefas e metas individuais, pois trabalhar em equipe não significa todo mundo fazer tudo ao mesmo tempo. O desempenho coletivo necessita da contribuição e do investimento pessoal para a consecução das metas, que devem ser claras, simples e mensuráveis.

» Prover o grupo imediatamente com novos fatos e informações para atualizar e redefinir ações e atividades, evitando o máximo possível o retrabalho e o desgaste emocional que isso pode provocar.

» Programar reuniões periódicas com o propósito de aumentar o convívio entre os membros do grupo, o que promove integração e engajamento interpessoal. A experiência nos mostra que as equipes devem passar bastante tempo reunidas, especialmente no início, quando se observam atentamente os sinais enviados a uns e outros no sentido de confirmar ou dirimir dúvidas e preocupações existentes.

» Ter consciência de que a equipe não é a soma das partes, mas um conjunto novo que surge a partir do intercâmbio das diferenças para a construção do conhecimento novo. Nenhum membro da equipe é dono da verdade, e deve haver flexibilidade suficiente para examinar as possibilidades surgidas do confronto das diferenças, relativizar pontos de vista e buscar o consenso sempre que possível, mantendo um sentido de unidade.

As equipes estão provocando, atualmente, uma necessária reflexão e uma sensível diferença no modo de fazer as coisas. Tudo o que precisamos é reconhecer e aproveitar da melhor forma o potencial das equipes existentes nas organizações, não só na busca da produtividade e de inovações técnicas, mas principalmente na realização de mudanças para o aumento da qualidade de vida, por meio da responsabilidade, da ética e do compromisso com o outro nas relações de trabalho.

Com frequência observamos no mercado, a falta de percepção para a escolha de líderes. Carisma e determinação não são os únicos requisitos para o perfil deste cargo, resultando em um gerenciamento satisfatório, mas não o ideal. Por este motivo, a gestão de equipes necessita ser diferenciada.

Gerenciar equipes de alta performance é mais do que ter carisma, significa ter coragem de dirigir, orientar, treinar, buscar alternativas voltadas para o resultado final e também, quando for o caso de repreender e assumir falhas. Com essas atitudes, pode-se esperar que os colaboradores rendam o que se espera deles, já que estarão com seus potenciais e energias direcionados, muitas vezes mudando comportamentos já consolidados.

É fundamental que haja foco na empresa e que saiba administrar equipes, este tem sido um diferencial de grandes gestores que superam as expectativas de clientes, colaboradores e empresários. Para isso, é preciso conhecer técnicas de gestão de equipes para maximizar o potencial de cada indivíduo.

Dentre as competências que devem ser levadas em conta para que se estabeleça um ambiente para desenvolvimento de equipes de alto desempenho estão a liderança organizada e focada, criação de bons canais de comunicação, saber delegar funções, realizar constantes *feedbacks*, motivar a equipe, planejamento estratégico, saber fechar com parceiros com capacidades distintas, saber administrar o tempo, ser proativo, buscar por soluções e criar um ambiente sinérgico.

Ao perceber que não possui todas essas funções não é necessário pânico, todas as habilidades podem ser aprimoradas, possibilitando que os profissionais possam dar passos mais incisivos em seu crescimento profissional e na liderança de suas equipes.

4. A LIDERANÇA E OS CONFLITOS

As origens do conflito são tão antigas quanto a criação da humanidade. Para os autores, um conflito se inicia quando as partes envolvidas possuem alguma diferença de valores, crenças ou objetivos que influenciam negativamente no ambiente de trabalho ou impossibilitem (em algum grau) de trabalharem juntas.

O conflito acontece quando um grupo ou pessoa não consegue agir em determinada situação originando uma parada temporária no processo e redução de produtividade; e que consequentemente traz ao gestor uma redução na capacidade de produzir resultados.

O conflito é uma forma de interação entre indivíduos, grupos, organizações e coletividades que implica choques para o acesso e a distribuição de recursos escassos. Esse autor considera que o objetivo do conflito está em controlar os recursos escassos.

Existem conflitos em uma organização quando uma parte perceber o outro como obstáculo à satisfação de suas preocupações, o que provocará nele um sentimento de frustração, que poderá levá-lo, posteriormente, a reagir em face de outra parte.

A análise estrutural do conflito consiste numa avaliação das condições prévias e estáticas a que estão submetidas as partes, e compreende os seguintes parâmetros: predisposições e previsões/expectativas futuras de cada uma das partes; tais variáveis consistem no fato de que existe (em cada um dos envolvidos) um conjunto de traços e habilidades individuais capazes de influenciar o comportamento em determinada situação, resultando nas previsões, formadas por um conjunto de expectativas das partes quanto ao desenvolvimento e resultado do embate. Para a autora, há neste cenário uma avaliação cognitiva do comportamento, ou seja, das ações a serem adotadas pela outra parte.

As pressões estão relacionadas principalmente às sociais, àquelas exercidas por grupos de referência (família, amigos etc.). As forças em jogo podem ser, implícitas/tácitas (não expressas claramente) ou explícitas; a autora destaca ainda que as partes tratam primeiro do objeto que está no centro do embate, àquilo que ambas as partes desejam (a partir da sua perspectiva), mas que desagradam uma à outra.

Varney (1989) defende que a negociação é uma das alternativas mais eficazes para o conflito, ao possibilitar a flexibilidade e viabilizar novas alternativas. Ao negociar, as partes têm a possibilidade de serem ouvidas, implicando um maior entendimento da situação, em busca de áreas de interesse comum e de acordo, com a possibilidade de construir entre os envolvidos, o entendimento (mesmo que sem concordar), da situação do outro.

Varney (1989) apresenta quatro características essenciais para os gestores da equipe em situações de negociação, são elas:

» Realizar um diagnóstico identificar as áreas de conhecimento similar e áreas de diferenças;

» Processo de iniciação – desvelar, mostrar para o grupo os pontos divergentes;

» Saber ouvir e perceber o que os participantes falam e terá percepção de identificar outros aspectos emocionais;

» Elaborar um processo de resolução de problemas etapas que incluam (coleta de dados, avaliar o impacto das ações; analisar diferentes alternativas; identificar soluções e desenvolver de um plano de ação.

Varney (1989) insere outra variável, o tempo para resolução de conflitos; se o conflito é deixado de lado e a espera se torne algo explícito, um embate pode se tornar muito mais difícil de resolver. Ao desvelar as fontes do conflito logo no começo, o autor destaca que há maiores chances de as pessoas compreenderem os fatos que encaminharam a disputa antes que novas emoções possam surgir e complicar ainda mais a situação. Quando são identificadas desde cedo, há mais chances de as partes vislumbrarem possíveis áreas de acordo, e assim chegarem a um consenso e desenvolverem um processo de resolução de problemas.

O processo de negociação em duas perspectivas: uma forma de conflito social, pois envolve a defesa de interesses opostos; e como um tipo de resolução de conflitos, pois as origens do conflito podem ser analisadas e alternativas podem ser viabilizadas. Deste modo, o processo de negociação tem como principais objetivos: estabelecer procedimentos, desenvolver acordos e políticas que fortaleçam o relacionamento e esclareçam papéis, obrigações, mediando possíveis alterações que reestruturam as empresas, ou até mesmo padrões.

4.1 A LIDERANÇA E ADMINISTRAÇÃO DE CONFLITOS

A capacidade de administrar conflitos com eficiência é em parte determinada por suas habilidades individuais, sua capacidade de influenciar os membros de sua equipe de trabalho e sua inteligência emocional. Por inteligência emocional especificamente aplicada ao trabalho, entende-se a capacidade primordial de saber se relacionar com as pessoas a partir de uma leitura ampliada do subjetivo que rege estas relações (GOLEMAN, 2001).

As diferenças nas maneiras de perceber, pensar, sentir e agir dos indivíduos podem contribuir tanto para a criatividade quanto para aumentar o conflito. As diferenças não devem ser temidas, mas sim administradas com o objetivo de criar um ambiente em que elas sejam resolvidas de forma integrada e integradora, de modo a satisfazer as necessidades e expectativas das partes interessadas. O manejo eficaz das diferenças pode ter um impacto significativo não só para a produtividade, mas para a melhoria da qualidade de vida nas organizações. Entretanto, não há uma solução pronta que seja aceitável para todos. Quando um grupo busca ser inovador na solução de problemas, a diversidade pode ser um grande recurso ou um grave risco. Ocultar, suprimir ou contemporizar o conflito com medidas burocráticas torna muito grande a probabilidade de o desacordo continuar ou se deteriorar numa luta interminável, prevalecendo a hostilidade e a desconfiança.

Desta forma é importante que o gerente tenha uma compreensão sobre a tolerância do colaborador à ambiguidade, prevenindo o estresse derivado da falta de clareza da tarefa, das expectativas e "áreas cinzas" (WINNUBST; BUUNK; MARCELISSEN, 1988). As boas práticas de comunicação como a observação do comportamento não-verbal, buscar entender a compreensão sobre a tarefa podem, ainda que parcialmente, reduzir a ambiguidade no trabalho. Quando o gerente atua desta forma, reduzem os relatos de pressão psicológica e estresse (GILBREATH, 2004).

O conflito da função ou do trabalho pode ser reduzido quando o gerente reconhece o valor do equilíbrio trabalho-família, permitindo alguma flexibilidade em situações de crise na família. Estas posturas têm efeito no estresse percebido e na pressão psicológica (GILBREATH, 2004).

Para os gestores, o maior desafio de estimular ou não conflitos está, segundo Robbins (2005), na capacidade de ouvir pedidos, perguntas e comentários em relação aos quais não estavam acostumados, e quando estas não forem favoráveis, não responder com atitudes grosseiras ou repressoras.

Ao aceitarmos o desafio de uma sociedade competitiva em constante mudança, em que a liberdade individual está cada vez mais condicionada às pressões econômicas, políticas e culturais, exige-se de cada um de nós que assuma o controle sobre a própria vida pessoal e profissional, tomando-se capaz de resolver problemas e conflitos internos e externos.

No mundo empresarial dinâmico e complexo de hoje, onde as organizações só sobrevivem se conquistarem novos mercados, as pessoas que ocupam funções de liderança sofrem cada vez mais a pressão por resultados e deparam-se com um grave dilema: de um lado, atender às meias das organizações, e de outro, às necessidades dos empregados.

Para sobreviver, as organizações precisam cortar custos, aumentar a produtividade e melhorar a qualidade de seus produtos e serviços. A fim de alcançar esses objetivos, elas necessitam contar com o elemento mais significativo do sistema: as pessoas. Por sua vez, a maioria das pessoas, para garantir sua sobrevivência, alcançar suas metas e realizar seus projetos de vida, precisa das organizações. Ainda que em muitos países boa parte da força de trabalho se encontre desempregada ou trabalhando na economia informal, essa situação não é desejável, nem para o país, nem para as pessoas.

Nesse sentido, organizações e pessoas dependem umas das outras, e precisam aprender o modo de viver e trabalhar de forma produtiva e construtiva para ambas as partes. Taylor, no início do século passado, afirmava não ser possível haver conciliação entre a pressão pelos resultados (interesse pela produção) e as necessidades e aspirações pessoais e profissionais (interesse pelas pessoas). Não há, portanto, uma postura de busca de entendimento e de negociação, mas apenas uma confrontação. Os conflitos consequentes entre o capital e o trabalho são inevitáveis e são administrados segundo o processo ganhar/perder.

O movimento de relações humanas, que sucedeu a Taylor, acredita que as pessoas buscam realização e que são capazes de se empenhar positivamente no trabalho, comprometendo-se com as metas organizacionais, tomando-se, assim, parceiras das organizações. Para tanto, há necessidade de serem instituídas novas relações de poder que estabeleçam uma nova concepção de mando e subordinação, a fim de que as organizações venham a adaptar-se às pressões para a democratização do poder.

A liderança baseada na premissa de que os interesses pela produção e interesses pelas pessoas podem ser integrados consiste em que a administração de conflitos pode ser aperfeiçoada por meio da substituição da estrutura e dos processos tradicionais por outros baseados em um sistema social mais eficaz, denominado sistema participativo.

Dentro da abordagem participativa, a organização de uma equipe eficaz de trabalho, constituída pelo gerente e seu pessoal, é vista como uma importante tarefa de planejamento, direção e controle compartilhados, onde cada funcionário, seja gerente ou não, é estimulado a contribuir em todas as etapas do processo de trabalho. Esse estilo de gerenciamento é denominado também gerência em grupo. Ela pressupõe que as pessoas desejam dar um sentido ao seu trabalho e que a responsabilidade no planejamento e direção do trabalho podem tornar as funções mais significativas. Portanto, esse estilo de gerenciamento tem a tarefa de liderar, e não controlar e pressionar. A gerência em grupo procura integrar aptidões e contribuições e o relacionamento entre as equipes, incorporando na prática as competências de liderança. A maneira mais realística de que o gerente dispõe para resolver os problemas tecnológicos e emocionais com os quais se defronta no dia a dia é por meio da integração de seus dois interesses básicos: a produção e as pessoas.

A liderança de um grupo exerce um papel de grande importância na resolução do conflito, ao determinar a condução das divergências para uma solução produtiva dos problemas ou para estimular o grupo numa disputa ganhar-perder. É também particularmente importante a maneira como o líder percebe adversidade e aceita os transgressores para estimular o comportamento inovador.

A aceitação de uma solução também aumenta quando o líder considera o desacordo como fonte de produção de ideias, e não como um foco de dificuldades ou distúrbios. Os líderes que consideram alguns de seus participantes perturbadores obtêm poucas soluções inovadoras e recebem menor aceitação para decisões tomadas do que os líderes que consideram os membros discordantes como pessoas de ideias.

O princípio mais importante para um líder que pretende adotar o sistema participativo no exercício de suas funções profissionais, ou aplicá-lo a uma dada situação de conflito, é o de desenvolver relacionamentos de apoio, partindo do pressuposto de que os indivíduos possuem um forte desejo de se associar, ser úteis e reconhecidos no seu valor pessoal. Aos líderes, não basta acreditar nesse princípio, mas ter concretamente um comportamento de apoio, estabelecendo um processo de comunicação genuíno, transparente e de conexão de ideias e informações em todas as direções.

Os líderes são, muitas vezes, insensíveis e incorretos em suas percepções do próprio comportamento e do comportamento dos outros. Para aplicar com eficiência o princípio dos relacionamentos de apoio, os líderes devem ser pessoas sensíveis, com uma percepção razoável das atitudes e comportamentos dos outros, além de serem preponderantemente generosos consigo mesmos e com os outros. Caso contrário, deveriam buscar aprimorar a autopercepção, ponto de partida essencial para desenvolver a capacidade de perceber o outro.

Um ponto essencial na atuação do gestor em relação ao conflito é sua capacidade de percebê-lo a tempo suficiente para agir no sentido de geri-lo.

4.2 CRIATIVIDADE E INOVAÇÃO ATRAVÉS DOS CONFLITOS

Inovar é explorar, com sucesso, novas ideias, Drucker (2003) complementa que inovação é o instrumento dos empreendedores, o meio através do qual as mudanças no ambiente podem ser exploradas como oportunidades para novos negócios.

Uma inovação pode ser um novo produto, bem ou serviço, uma nova tecnologia de processo de produção, uma nova estrutura ou sistema administrativo ou, ainda, um novo plano ou programa relativo aos membros da organização (DAMANPOUR, 1991).

A inovação pode ser considerada o resultado do somatório: concepção + invenção + exploração. Nesse sentido, a concepção seria a representação da ideia, simplesmente como estrutura de referência; quando essa ideia se transforma em realidade, chega-se à invenção; e a exploração ocorre quando se obtém o máximo (de retorno) sobre a invenção. Reforçando esse conceito, pode-se dizer que:

A introdução de uma novidade em um mercado não caracteriza uma inovação. É preciso que tal inovação seja percebida e aceita pelos clientes da empresa, sendo esta a principal diferença entre invenções e inovações.

Os fracassos e sucessos de empresas que tentaram transpor o abismo existente entre a concepção de uma ideia inovadora e sua exploração, ou seja, a transformação em produtos aplicáveis para os consumidores classificados como *early majority*. Esse grupo de consumidores percebe valor nas tecnologias inovadoras não pelo seu caráter disruptivo, mas pela solução de alguma necessidade até então não satisfeita, e que, normalmente, era intrínseca, mas inconsciente, até o surgimento da nova tecnologia. É esse grupo que proporciona a escala necessária para a consolidação de qualquer produto inovador.

Trata de situações extremadas de inovação, em que ocorre uma revolução no modo com que determinada indústria compõe sua cadeia de valor. Mas o autor explica que a grande maioria do que se considera inovação não impõe, necessariamente, uma revolução e, sim, uma evolução. Trata-se de mudanças relativamente pequenas e cumulativas, construídas em sequência, sempre tomando como base algo que foi desenvolvido anteriormente e que é, então, melhorado.

A empresa precisa criar um clima organizacional capaz de estimular inovações nos mais variados setores e atividades. Para os autores, são as pessoas o início, meio e fim de qualquer inovação. Ambientes mais abertos e flexíveis atraem pessoas criativas e talentosas. A construção, manutenção e aprimoramento de ambientes voltados para estimular uma cultura voltada para a inovação tem sido um fator crítico de sucesso das empresas inovadoras. A empresa precisa encontrar ferramentas e métodos para a gestão da inovação de acordo com a sua cultura organizacional.

Invenção não é o mesmo que inovação, apesar da proximidade entre os dois significados. A invenção é o processo pelo qual um nova ideia é descoberta; está ligado à concepção de ideias. A inovação, que pode vir de uma invenção ou não, está relacionada à criação de valor; é um processo que diz respeito ao desempenho. Este processo se completa quando gera valor percebido pelas pessoas na melhoria da condição humana. A inovação parte da identificação de um problema, gera ideias/soluções, e as implementa de forma a equilibrar os interesses das pessoas e dos negócios.

A inovação acontece em inúmeras situações nos meios de transporte, em produtos de uso doméstico, no atendimento ao cliente, em publicações, em softwares etc. e pode ser classificada conforme o tipo, intensidade e abrangência. Em relação ao tipo, é frequente a ocorrência de inovação, seja em produtos e serviços, em processos, em modelos de negócio e em gestão. A inovação em produtos e serviços é caracterizada pelo desenvolvimento e comercialização de um produto ou serviço novo ou melhorado, buscando atender as necessidades dos clientes. Por exemplo, na comparação entre telefonia celular e telefonia fixa, ou entre as vendas pela internet e em lojas físicas.

A inovação em processos acontece quando se desenvolvem ou aprimoram, de maneira consistente, os processos relativos à fabricação, à distribuição de produtos e aos relacionamentos para a prestação de serviços. A logística inversa é um exemplo, sendo um processo de aproveitamento de resíduos de produtos usados, devolvidos pelo cliente para fabricação de um produto novo. A inovação em modelos de negócio está ligada ao desenvolvimento de novos negócios que apresentem algum tipo de vantagem competitiva. É a implementação de novos métodos de marketing e comercialização a partir de mudanças significativas nos produtos ou serviços.

A inovação em gestão ou organizacional está relacionada ao desenvolvimento de novos métodos e procedimentos de trabalho e de administração. Um exemplo a chamada produção ou manufatura enxuta (Lean Manufacturing) da Toyota automóveis.

A classificação quanto à intensidade da inovação pode ser dividida em dois tipos: a incremental e a radical ou revolucionária. A inovação incremental se refere ao aperfeiçoamento de produtos (bens ou serviços) ou processos já existentes, enquanto a inovação radical ou revolucionária diz respeito às novas ideias que resultam em produtos ou processos desconhecidos no mercado. A inovação revolucionária também acontece:

Quando os novos produtos têm um impacto tão grande sobre o sistema produtivo que podem tornar obsoletas as bases tecnológicas existentes, criar novos mercados e até alterar o comportamento da sociedade. Pode-se citar como exemplos da inovação tecnológica a televisão e a telefonia celular, os computadores pessoais e a internet.

A classificação relativa à abrangência configura três formas: a inovação para a empresa, a inovação para o mercado e a inovação para o mundo. A primeira acontece quando é implementada no âmbito da empresa; na segunda, a empresa é a pioneira ao introduzir aquela inovação no seu mercado; e a terceira acontece quando a inovação é implementada pela primeira vez nos mercados nacionais e internacionais.

O impacto das novas tecnologias na reestruturação produtiva trouxe mudanças radicais no processo de trabalho, alterando métodos e procedimentos na elaboração de produtos e execução de serviços, vindo a perturbar o desenrolar tradicional do sistema de produção. Esse fato trouxe para a vida das organizações diversos incidentes críticos ou eventos que ultrapassaram a capacidade rotineira de assegurar a autorregulação do sistema produtivo. Isso implicou que a competência não estava mais contida nas predefinições da tarefa, e as pessoas precisavam estar sempre mobilizando recursos para resolver as novas situações de trabalho. Nem tudo estava escrito nos manuais. Para enfrentar esse problema, tornou-se necessária e urgente a criação de ideias novas um apelo à invenção e à criatividade.

Para Sakamoto (1999), criatividade é a expressão de um potencial humano de realização, que se manifesta através das atividades humanas e gera produtos na ocorrência de seu processo.

Wechsler (1998) possui uma abordagem mais ampla, relatando que se fazem necessários diversos tipos de interação onde indivíduos e sociedade se completam. Acrescenta ainda que neste sentido, devem ser consideradas todas as possíveis combinações entre os seguintes elementos:

1. Habilidades cognitivas: inteligência, conhecimento, habilidades técnicas e talentos especiais;

2. Características de personalidade: motivação interna, confiança, não conformismo, criatividade-traço;

3. Elementos ambientais: fatores político-religiosos, fatores culturais, fatores socioeconômicos, fatores educacionais.

Torna-se desta forma, uma ferramenta adequada para:

a) Encontrarem-se maneiras de fazer mais com menos;

b) Reduzir custos;

c) Simplificar processos e sistemas;

d) Aumentar a lucratividade;

e) Encontrar novos usos para produtos antigos;

f) Encontrar novos segmentos de mercado;

g) Diferenciar seu currículo;

h) Desenvolver novos produtos.

No entanto, a busca desenfreada pelo lucro no mundo altamente competitivo dos negócios e a pressão para acertar não suportam perda de tempo ou falhas que supostamente impliquem prejuízos econômico-financeiros. É comum no dia a dia das organizações a ideia de que se você acerta, que bom, não fez mais que sua obrigação. Entretanto, se você erra, é alvo de críticas e punições. Esse fato tem gerado um verdadeiro dilema no relacionamento das pessoas com as organizações: como criar sem nunca poder errar?

Ora, isso é impossível. O desenvolvimento de novas tecnologias para desenhar e construir novos produtos e serviços envolve milhares de testes e modificações em seus projetos, na busca de um aprimoramento contínuo para melhor atender às necessidades dos consumidores. É um processo que exige investimento, ensaio e alguns inevitáveis erros. Não é possível inovar sem assumir riscos. Se não fossemos inovadores, provavelmente ainda viveríamos no tempo da pedra lascada. É essa luta entre o velho e o novo que move o mundo: a construção do novo envolve a destruição do velho. Essa transição não é necessariamente tranquila nem desprovida de ônus. Vale lembrar que a geração de ideias novas é sempre um processo coletivo, que exige mudanças individuais, grupais e estruturais, que só se realiza numa atividade permanente de aprendizado não só de técnicas e de procedimentos, mas de valores, atitudes e comportamentos.

Portanto, devem-se considerar a integração e as discrepâncias dos valores, interdependências e compromissos existentes, porque, muitas vezes, estes são mais importantes para a adoção das mudanças propostas e a solução dos conflitos delas provenientes do que os argumentos técnico-racionais dos projetos de inovação.

A criatividade é uma característica que existe em todos os indivíduos, e não uma qualidade inata, propriedade de poucos. Os estímulos do meio podem desenvolver ou inibir o potencial criativo com que todos nascemos, favorecendo ou dificultando a produção e a circulação de ideias novas. Propor desafios e novas experiências de vida constitui uma base favorável ao desenvolvimento do potencial de criatividade que existe em todos os indivíduos. Vale lembrar, também, que as ideias novas não são suficientes para produzir inovações. Para garantir sua implantação, torna-se necessária sua aceitação coletiva.

Para inovar é preciso correr riscos. Mas os riscos geram ansiedade, incerteza e medo. A modernidade fez crescer a consciência do risco, que deixou de ser visto como uma fatalidade, fruto do acaso, e passou a ser percebido como decorrente da atividade humana. Na realidade, ansiedade, incerteza e medo atingem todos nós, mas nos impactam de diferentes maneiras, dependendo de como lidamos com esses sentimentos.

A ansiedade e do medo desperta grande atenção não apenas pela consciência social sobre os numerosos fatores de risco, como também pela propagação de hábitos e estilos de vida que afetam a saúde e o bem-estar humanos. Consequentemente, acentuou-se também o estudo de fatores do trabalho ocasionadores da ansiedade, principalmente os interligados ao risco e à incerteza na tomada de decisão.

A percepção humana é um importante instrumento que favorece a imaginação e a criatividade, mas também é a fonte de dúvidas e receios sobre a capacidade de resposta diante das incertezas e ameaças externas. Perigos há em toda parte. Para enfrentá-los, é preciso ter consciência dos próprios recursos, limitações e preconceitos, assim como avaliar a extensão deles em determinadas circunstâncias. A percepção do risco é variável de pessoa para pessoa, indo desde o pânico paralisante até a negação de sua existência. De acordo com Tonet *et al.* (2009) para enfrentar a realidade e buscar resolver os problemas, há, pelo menos, três tipos de atitudes.

Onipotência ou autoconfiança excessiva: comum às pessoas que exageram na estimativa da própria capacidade e acreditam que, sozinhas, podem mudar a realidade. Sentem-se donas da verdade e superiores aos outros. São portadoras de um otimismo exagerado. Sentir confiança excessiva é ser irrealista. O mais grave na confiança excessiva é a decisão ruim, porque, ao não reconhecer suas falhas, despreza o valor de aprender com os próprios erros.

Impotência ou falta de autoconfiança: ao contrário da primeira atitude, as pessoas se sentem frágeis, desprotegidas e ameaçadas diante da realidade. Desconhecem sua capacidade de poder interferir na busca de solução dos problemas que, na opinião delas, são sempre criados pelos outros, dos quais elas se consideram vítimas. São portadoras de um pessimismo exagerado e de uma consciência ingênua de que seu comportamento é objeto da ação dos outros. Essas pessoas são reativas e omissas, e costumam responsabilizar os outros pelos fracassos ocorridos. Não acreditam que seja possível mudar a realidade.

Potência ou confiança em si e nas pessoas: ao contrário das atitudes de onipotência e impotência, essas pessoas acreditam que a realidade é mutável, produzida e reproduzida por elas, ao mesmo tempo em que elas são produzidas e reproduzidas pela realidade. São conscientes que ora são sujeitos da ação, ora são objeto (não-passivo) da ação dos outros. Proativas e portadoras de um otimismo realista, possuem uma consciência crítica que lhes permite avaliar suas próprias dificuldades e possibilidades, assim como as dos outros, em um determinado contexto.

Acreditam que podem, junto com os outros, mudar a realidade, não segundo seus desejos, mas dentro de um ideal possível. Essas pessoas são capazes de transformar ameaças em oportunidades e aprendem com seus próprios erros.

O conflito pode estimular a autoavaliação e desafiar a sabedoria convencional. Inicialmente pode trazer algum tipo de sofrimento para a organização; no entanto, pode colaborar para que esteja em sintonia com um ambiente em constante mudança e fonte constante de inovação, uma vez que instiga a aprendizagem e a mudança.

O conflito é construtivo quando ele melhora a qualidade de decisões, estimula a criatividade e a inovação, estimula interesse e curiosidade entre os membros do grupo, fornece um meio pelo qual os problemas podem ser arejados e as tensões relaxadas e gera um ambiente de autoavaliação e mudança (ROBBINS, 2005).

De acordo com Robbins (2005) Quando trazem benefícios, as situações conflitantes propiciam um ambiente de discussão, trazendo novas ideias e podem dar oportunidade para que opiniões da minoria passem a ser consideradas, ou seja, um antídoto para o pensamento de um grupo. Deste modo, desafia o status quo, permitindo a reavaliação das metas e atividades exercidas pelo grupo, aumentando as chances de uma organização responder às mudanças.

Além propiciar a exploração e resolução de diferenças, paradoxalmente o conflito pode, algumas vezes, manter o status quo. Para o autor, os dirigentes podem imobilizar a organização e concentrar esforços dos colaboradores para atividades improdutivas e consequentemente como uma forma de dominação.

Os conflitos disfuncionais que geram oposição descontrolada, descontentamento, que atua para dissolver embates comuns e ao final leva à destruição do grupo (ROBBINS, 2005, p. 278) são mais conhecidos. Dentre os resultados mais indesejáveis, destacam-se dissolução do grupo, atrasos e ruídos na comunicação; o que ao extremo pode ocasionar a parada e posteriormente a descontinuidade do grupo.

Importante destacar que a capacidade de um grupo em conflito desenvolver uma solução inovadora que seja aceita por todos é também influenciada pelas atitudes dos componentes do grupo. A maneira como cada membro escuta e encoraja cada um dos outros, especialmente os mais afastados, afeta enormemente a capacidade de encontrar soluções criativas e proveitosas para a solução de problemas, além de contribuir para o aumento do nível de confiança, lealdade e franqueza. Essa tarefa não é nada fácil, mas pode ser aprendida tanto pelos líderes quanto pelos grupos. Não se faz isso a curto prazo. Seus efeitos ocorrem aos poucos e são percebidos a médio e longo prazos. Desejar uma mudança rápida pode gerar descrédito e frustração, aumentando a possibilidade de agravamento do conflito.

4.3 A GESTÃO DO CONFLITO ORGANIZACIONAL

Leyden & Kuk (1993) veem uma organização saudável como a que coordenam os subsistemas sem perder de vista o propósito corporativo maior. Os autores usam como analogia o indivíduo que consegue manter um equilíbrio entre a vida pessoal (família, saúde e lazer) e a profissional (resultados, relacionamentos no trabalho, clima etc.). Por isso os autores sugerem que o gerente pode promover uma cultura e um clima estimulantes quando luta contra longas horas de trabalho e dá um exemplo pessoal deste equilíbrio. O colaborador cujo gerente ajuda no equilíbrio entre produtividade e satisfação do empregado relata um nível menor de estresse ocupacional e distúrbios psiquiátricos.

Segundo Gillen (2001), os tipos de comportamento são quatro:

1. Passivo procura evitar o conflito, mesmo que sofra com isso. É, geralmente, uma pessoa quieta com voz hesitante, atitude defensiva e contato visual mínimo.

2. Agressivo deseja, acima de tudo, vencer, mesmo à custa de outras pessoas. Suas atitudes são individualistas, pois está mais interessado em atender suas próprias necessidades e desejos do que os dos outros. Seu comportamento é expresso com voz alta e máximo contato.

3. Passivo/agressivo seu comportamento oscila entre a passividade e a agressividade. Tem o desejo de se firmar, porém, não possui estrutura para tanto. Seu comportamento é de muita irritação, postura fechada.

4. Assertivo deseja defender seus direitos, e aceita que as outras pessoas também os tenham. Apresenta tom de voz moderado, são neutras e têm uma postura de prudência e segurança.

Os membros da equipe devem ser incentivados a expressar suas preocupações em reuniões de equipe em vez de encaminharem a situação para o ambiente externo. Isso acontece quando os membros da equipe têm medo de expressar sentimentos com a equipe e começam a comentar com outros grupos. Quando isso ocorre, a confiança é abalada, minando a integridade da equipe.

Há três procedimentos para lidar com o conflito: decisões conjuntas pelas partes envolvidas, tomada de decisão com participação de terceiros e ações separadas adotadas por cada uma das partes.

A decisão conjunta pelas partes envolvidas tem como objetivo desenvolver um acordo pela negociação ou mediação. Para os autores, a negociação é a discussão entre duas ou mais partes com o objetivo aparente de resolver a divergência de interesses e assim escapar do conflito.

Tanto as grandes como as pequenas organizações têm estabelecido medidas de desempenho para aumentar o sucesso operacional, ao mesmo tempo que remuneram seus funcionários pelos resultados de seu desempenho. Definir medidas significativas de desempenho é um dos desafios mais importantes e difíceis com que a gerência se depara atualmente. Antes de desenvolverem e implementarem medidas organizacionais, os gerentes e supervisores deverão considerar as seguintes diretrizes:

As medidas de desempenho – em todos os níveis organizacionais – precisam ser consistentes com os objetivos estratégicos da organização. Evite definir medidas ou padrões irrelevantes, que não estejam estritamente vinculados à companhia ou ao que os funcionários realizam em seu trabalho.

Especifique a intenção das medidas de desempenho e defenda a causa incansavelmente. Demonstre que as medidas de desempenho são, na verdade, uma boa forma de gestão corporativa e também mantêm os gerentes e funcionários responsáveis pelo seu sucesso.

Envolva os funcionários. Uma etapa vital em qualquer programa de avaliação é o desenvolvimento de uma estratégia de envolvimento dos funcionários descrevendo a natureza da sua participação, da implementação e da administração contínua do programa de gerenciamento de avaliação. Divida a equipe de trabalho tendo como base a natureza do trabalho e o potencial de seu impacto. Considere quais medidas exigem personalização. A aceitação de um programa de avaliação de desempenho é destacada quando os funcionários "aderem" ao processo.

Considere a cultura da organização e a demografia da equipe de trabalho ao criar as medidas de desempenho. Por exemplo, as organizações com uma estrutura hierárquica mais tradicional poderão necessitar de mais tempo para implantar medidas de desempenho, em comparação com organizações com estrutura mais simples, que são mais fluentes e com menos níveis hierárquicos em seus sistemas de controle e comando.

Comunique amplamente a importância das medidas de desempenho. As mensagens referentes ao desempenho são os princípios e as diretrizes que comunicam aos funcionários os níveis de desempenho exigidos e porque a organização precisa atingir tal grau de sucesso.

Para algumas organizações, vincular o pagamento de incentivos a medidas de desempenho formalizadas não tem gerado resultados positivos para os funcionários nem para a organização. Frequentemente, a falha pode ser atribuída à escolha das medidas de desempenho. Portanto, medidas quantitativas, simples e estruturadas para mostrar relação clara com o desempenho aprimorado são as melhores. Medidas excessivamente quantitativas e complexas devem ser evitadas. Ao selecionar uma medida de desempenho, é necessário avaliar a extensão em que os funcionários envolvidos podem realmente influenciá-la. Finalmente, as empresas devem evitar avaliar as metas de desempenho como se fossem contagem de catraca, tentando continuamente exceder resultados anteriores. Isso acabará levando o funcionário à frustração e à percepção de que os padrões são inatingíveis. O resultado será uma atitude de desconfiança em relação à gerência e de oposição a todo o programa de incentivo.

Embora os programas de incentivo com base na produtividade possam reduzir os custos de pessoal, para atingir seu pleno benefício eles devem ser cuidadosamente elaborados, implantados e mantidos. Uma regra fundamental é que o planejamento total deve ser combinado com a abordagem de prosseguir com cautela. Os gerentes de cargos e salários apontam, repetidamente, vários pontos relacionados à efetiva administração de programas de incentivo. Por consenso, os três pontos mais importantes são:

1. Os sistemas de incentivo são eficientes apenas quando os gerentes estão dispostos a conceder incentivos com base em diferenças no desempenho individual, do grupo ou organizacional. Permitir que os pagamentos de incentivo tornem-se um pagamento garantido destrói sua intenção motivacional. O objetivo básico de um programa de remuneração de incentivo não é recompensar o funcionário praticamente em quase todas as circunstâncias, mas motivar o desempenho dele. Assim, para que o programa tenha sucesso, o fraco desempenho não pode ser recompensado.

2. Os orçamentos anuais de salário devem ser grandes o suficiente para recompensar e reforçar o desempenho excepcional. Quando os orçamentos de remuneração são estabelecidos para assegurar que os aumentos de pagamento não excedam certos limites (muitas vezes estabelecidos como porcentagem da folha de pagamento ou das vendas), essas restrições podem impedir a recompensa do desempenho destacado de um indivíduo ou grupo.

3. Os custos gerais associados à implementação e à administração do programa devem ser determinados para incluir o custo de estabelecer padrões de desempenho, o custo adicional de manutenção dos registros e o custo do tempo consumido em comunicar o programa aos funcionários, responder perguntas e resolver quaisquer queixas sobre ele.

No mundo competitivo de hoje, a palavra flexibilidade descreve o cerne de programas de incentivo individuais. Por exemplo, a tecnologia, as tarefas e os deveres do cargo e/ou as metas organizacionais (por exemplo, ser um produtor de baixo custo) têm impacto na escolha dos programas de pagamento de incentivo da organização. Os pagamentos de incentivo podem ser determinados pelo número de unidades produzidas, pelo cumprimento de metas de desempenho específicas ou pela melhoria da produtividade da empresa como um todo. Além disso, em indústrias altamente competitivas, como as de alimentos e varejo, baixas margens de lucro afetarão a disponibilidade de dinheiro para os desembolsos de incentivo. Todas essas considerações sugerem que a tradição e a filosofia, bem como a economia e a tecnologia ajudem a orientar a concepção dos sistemas de incentivo individuais.

Um dos programas de incentivo mais antigos baseia-se no trabalho por produção ou por peça. De acordo com esse sistema de trabalho, os funcionários recebem certa quantia por unidade produzida, e sua remuneração é determinada pelo número de unidades produzidas durante um período.

Apesar de suas vantagens óbvias – incluindo seu vínculo direto com a filosofia de pagamento por desempenho –, os sistemas de trabalho por peça apresentam várias desvantagens que se contrapõem à sua utilidade. Uma das maiores deficiências do trabalho por produção, bem como de outros planos de incentivo baseados no esforço individual, é que nem sempre ele pode ser um motivador positivo. Se os funcionários acreditarem que um aumento em sua produção irá provocar a desaprovação de colegas (muitas vezes mencionada como estouro da taxa"), eles poderão evitar o esforço máximo, porque o desejo de aprovação dos colegas é maior que o de ganhar mais. Além disso, as funções nas quais seja difícil distinguir ou analisar as contribuições individuais, ou em que o trabalho seja mecanizado a ponto de o funcionário exercer muito pouco controle sobre a produção – também podem ser inadequados ao sistema de trabalho por produção.

É importante salientar que os sistemas de incentivo do trabalho por produção podem contrariar uma cultura organizacional que esteja promovendo a colaboração, a criatividade ou a solução de problemas por parte do pessoal, visto que cada uma dessas metas pode influir no tempo e na produtividade do funcionário e, portanto, no incentivo total recebido.

Outra técnica comum de incentivo é o plano padrão-hora, que estabelece taxas de incentivo com base em um tempo-padrão predeterminado para concluir um trabalho. Se os funcionários terminam o trabalho em um tempo menor do que o tempo esperado, o pagamento deles ainda se baseia no tempo-padrão para o trabalho multiplicado por seu valor por hora. Os planos padrão-hora são populares nos departamentos de serviços de distribuidoras de automóveis. Por exemplo, se o tempo-padrão para instalar um motor em um caminhão de meia tonelada for de cinco horas e o mecânico completar o trabalho em quatro horas e meia, o pagamento será a taxa paga ao mecânico por hora vezes cinco horas. Os planos padrão-hora são extremamente adequados a operações de ciclo longo ou a cargos e tarefas não repetitivos que exigem diversas habilidades.

Contudo, embora esses planos possam motivar os funcionários a produzirem mais, as empresas devem assegurar que a manutenção do equipamento e a qualidade do produto não sejam afetadas à medida que os funcionários procuram realizar seu trabalho com mais rapidez para obter a renda adicional.

Outra forma é o bônus, pagamento de incentivo a um funcionário – creditado usualmente no final do ano – que não se incorpora ao salário do funcionário. Os bônus têm a vantagem de propiciar uma remuneração extra aos funcionários por fazerem um esforço maior, ao mesmo tempo que mantêm a segurança do salário normal para os funcionários. Nos Estados Unidos, os pagamentos de bônus são comuns entre funcionários de nível gerencial e executivo, mas a tendência atual é de que eles sejam dados cada vez mais a todos os funcionários da organização.

Dependendo de quem deve receber a bonificação, o pagamento do incentivo pode ser determinado com base na redução de custo, na melhoria da qualidade ou em critérios de desempenho estabelecidos pela empresa. No nível executivo, por exemplo, os critérios de desempenho podem incluir o aumento nos ganhos ou objetivos específicos ao empreendimento, estabelecidos de comum acordo.

Quando uma contribuição especial de um funcionário deve ser recompensada, é dado um bônus pontual. Essa bonificação, como o nome implica, é imediata, e normalmente recompensa um esforço não ligado diretamente a um padrão de desempenho estabelecido.

Por exemplo, um representante de serviço ao cliente pode receber um bônus pontual por trabalhar longas horas no atendimento a extenso pedido de um cliente novo. Os bônus pontuais são considerados ferramentas motivacionais úteis e de retenção para funcionários sobrecarregados, especialmente durante épocas de crise financeira.

Um programa de pagamento por mérito (aumento por mérito) estabelece uma relação entre o aumento no pagamento-base e a maneira como o funcionário desempenha seu trabalho. Normalmente, o aumento por mérito é dado ao funcionário que atingiu determinado padrão de desempenho objetivo – embora uma avaliação subjetiva do desempenho do subordinado por seu superior possa exercer importante papel na concessão do aumento. Aumentos por mérito podem motivar se os funcionários perceberem sua relação com o desempenho exigido.

Embora não haja soluções fáceis para esses problemas, as empresas que usam um programa de pagamento por mérito muitas vezes baseiam a porcentagem do aumento por mérito em uma política de mérito vinculada às avaliações de desempenho. As porcentagens podem mudar a cada ano, dependendo de várias preocupações internas ou externas – como os níveis de lucro ou condições econômicas nacionais conforme indicado por mudanças no índice de preços ao consumidor.

Geralmente, os prêmios são utilizados como reconhecimento por aumentos de produtividade, por contribuições especiais ou por realizações específicas, e por serviços prestados à organização. Os prêmios na forma de produtos, brindes personalizados, ingressos para cinema, concessão de férias, certificados concedidos e roupas personalizadas representam tipos de premiações não monetárias muito populares. Prêmios tangíveis, apresentados com a mensagem e o estilo certos, podem fazer os funcionários se sentirem valorizados, ao mesmo tempo em que reforçam o valor de uma companhia.

O entusiasmo e o impulso exigidos na maioria das atividades de vendas impõem que os funcionários estejam altamente motivados. Esse fato, bem como a natureza competitiva das vendas, explica por que os incentivos financeiros são amplamente usados para vendedores. A fonte de motivação proporcionada pelos planos de incentivo irá capitalizar a colaboração e a confiança. A motivação é extremamente importante para os funcionários que, por estarem distantes do escritório e não poderem ser supervisionados de perto, devem exercer alto grau de autodisciplina.

Os sistemas de incentivo para vendedores são complicados em razão da diversidade dos tipos de cargos de vendas. O desempenho dos vendedores pode ser medido pelo volume em dinheiro de suas vendas e por sua capacidade de estabelecer novas contas. Outras medidas são a capacidade de promover novos produtos ou serviços e de fornecer várias formas de serviço e assistência ao cliente que não produzem receitas de vendas imediatas.

No desenvolvimento de programas de incentivo para vendedores, os gerentes também são confrontados com o problema de como recompensar o esforço de vendas extras e, ao mesmo tempo, remunerar as atividades que não contribuem direta ou imediatamente para as vendas. Além disso, os funcionários de vendas devem ser capazes de conviver com certo grau de estabilidade de renda.

Geralmente, o sistema tradicional recompensa contribuições individuais e coletivas apenas com base nas responsabilidades e atividades predefinidas, quando o sistema de remuneração deveria tratar de forma diferente e com base nas competências e habilidades que os profissionais precisaram empreender para realizar suas atividades e metas.

Portanto, há a necessidade de flexibilizar e agilizar mudanças nas formas de remuneração, trocar a abordagem vista como tecnicista, que privilegia a análise e avaliação de cargos, por um sistema de remuneração estratégica, com ênfase na retenção de talentos.

São vários os tipos de remuneração praticados pelas organizações, com a finalidade de encontrarem formas criativas para motivarem e reterem os profissionais, são eles: a remuneração Fixa, ou Funcional, caracterizada também como remuneração Básica, a Remuneração

Estratégica, a Variável e a por Competências e Habilidades, que são as mais arrojadas e podem atender melhor as expectativas atuais das organizações e dos profissionais.

Salário, segundo Marras (2002), é a remuneração fixa, recebida pelos serviços prestados, podendo ser mensal, semanal, por produção, por obra etc.

Remuneração Variável: Deve estar vinculada às estratégias da organização. Uma forma de remuneração desenhada para recompensar funcionários com bom desempenho ou desempenho diferenciado. É conhecida também como salário indireto.

Para que a remuneração variável fique vinculada às estratégias e represente uma forma de recompensa aos funcionários, as organizações devem remunerar seus contratados de forma competitiva, para que busquem os melhores resultados.

A remuneração variável pode ser classificada em dois grupos: a de curto prazo e a de longo prazo, porém algumas organizações combinam as duas formas.

Remuneração Variável de curto prazo, Prêmios e Bônus; e Participação nos Lucros e Resultados (PLR).

Os tipos de remuneração variável de longo prazo são os Bônus, quando as metas estabelecidas para os funcionários ultrapassam um ano e o Programas de Ações oferecidos pelas organizações.

Prêmios e Bônus: Caracterizam o valor fixo ou percentual sobre o salário do funcionário, quando ele atinge determinadas metas previamente negociadas. Podemos citar, como exemplo, metas relacionadas à satisfação com o cliente, volume de vendas, resultado operacional, produtividade, entre outras.

Geralmente, o bônus relacionado a metas de satisfação com o cliente e volume de vendas, é direcionado para a área de vendas. O Bônus de longo prazo requer objetivos corporativos que ultrapassem mais de um ano. As organizações que possuem Previdência Privada ou Complementar têm a opção de creditar os valores, geralmente para os executivos, na conta da referida previdência. Este bônus é geralmente direcionado para os executivos.

Participação nos Lucros e Resultados: Participação nos Resultados é um sistema de recompensa por bônus, com a prática de gerenciamento participativo, e é vinculado ao cumprimento de metas.

Essas metas são negociadas com a participação de representantes dos funcionários da organização e um representante indicado pelo sindicato da categoria. Estes representantes estabelecem também os indicadores que devem ser conhecidos e acompanhados por todos da organização.

Gestores e equipe devem exercer uma forte parceria para que tudo aconteça dentro e fora da empresa conforme o estabelecido pela organização. Por isso, é preciso criar meios que não gerem insatisfação nem dos gestores em relação às suas equipes e nem destas para com os primeiros, pois isso compromete, e muito, as metas e os objetivos organizacionais. Ou seja, quanto maior, mais fluida e mais adequada a comunicação entre os colaboradores e seus líderes, maiores as probabilidades de reciprocidade e alinhamento entre eles.

O investimento em capacitação de profissionais nesse mercado ávido por gente qualificada e que dê conta dos desafios desencadeou novas ações de gestão para que a área de recursos humanos conquistasse o seu espaço e garantisse o seu lugar ao lado do executivo) nas organizações. São elas:

a) Ampliação de sua ação, o que fez com que se tornasse estratégica, alinhada e focada nos resultados organizacionais.

b) Busca de inovações do mercado, em termos de ferramentas, sistemas de informação e modelos de gestão.

c) Busca de novas e diferenciadas tendências aliadas a instrumentos que garantam a segurança dos processos.

d) Transformação em um núcleo de investimento, buscando a interação e proximidade do negócio da empresa.

e) Entendimento e participação amplos em decisões que envolvem o cliente externo.

f) Adoção de uma estratégia de capacitação diferenciada de seus executivos.

g) Identificação, busca e oferta de oportunidades de *coaching* aos envolvidos.

h) Exercício de planejamento estratégico, que passou a ter estreito vínculo com os resultados da empresa, entendendo que esses resultados só podem ser obtidos com pessoas.

i) Realização de pesquisas de mercado (interno) a fim de perceber melhor a necessidade dos seus colaboradores, visando à excelência no atendimento de suas expectativas.

j) Investimento na criação e no desenvolvimento de programas diferenciados focados no bem-estar e na qualidade de vida de seus clientes internos.

k) Preocupação com a aproximação ao principal cliente da empresa, o próprio colaborador.

l) Execução de medidas de valorização da criatividade e da intuição de talentos dos colaboradores.

m) Elevação da autoestima dos profissionais, obtendo maior credibilidade interna e externa.

A capacitação e o investimento em pessoas nas organizações, mais o impacto da crescente inovação tecnológica e o acesso rápido à informação e à globalização, vêm ampliando e dimensionando uma visão específica e muito clara sobre o novo papel do desenvolvimento organizacional, incorporada ao treinamento, à capacitação e ã preocupação com todos os colaboradores, pois as organizações são fundamentalmente pessoas.

Quando um investidor decide criar uma empresa, ele necessita de um componente distinto: pessoas. Em sua essência, as organizações têm a sua origem nas pessoas, o trabalho é processado por pessoas e o produto de seu trabalho se destina a satisfazer as necessidades e os anseios das pessoas. As máquinas por mais sofisticadas que sejam ainda não pensam, não sonham, não planejam, não agregam valor, não fazem a diferença e são ferramentas geridas por pessoas, que pensam, sonham, planejam, agregam valor e fazem tudo diferente e cada vez melhor, com maior criatividade, alegria e felicidade se a empresa investir nelas. E isso terá reflexos diretos na produtividade, independentemente do objetivo e da estrutura organizacional e dos produtos e/ou serviços que a organização proporciona.

Tudo isso mostra que o ser humano, quando valorizado pela empresa na qual trabalha e ao perceber que ela se preocupa verdadeiramente com sua qualidade de vida, produz mais e melhor.

A atuação do consultor interno de recursos humanos é a de um facilitador, cuja função é:

» Elaborar diagnósticos voltados para a gestão de pessoas;
» Buscar soluções inovadoras para os problemas relacionados aos produtos e aos serviços ligados à gestão de pessoas;
» Sugerir novidades;
» Opinar e propor soluções e críticas.

A consultoria interna de recursos humanos é um modelo de gestão organizacional que exige que o profissional da área atue de forma multidisciplinar, com crescente rapidez e flexibilidade diante das demandas.

Esse profissional deve apresentar o seguinte perfil:

» Ter uma visão generalista.
» Atuar como um link entre o cliente interno e a gerência ou direção da referida área prestadora de serviço.
» Enfatizar e destacar o novo e o fazer de maneira diferenciada para que a organização possa obter resultados inéditos, abstraindo-se de uma experiência puramente repetitiva.

» Identificar um profissional que exerça um papel de assessor estratégico aos clientes internos e/ou colaboradores, cabendo também a este profissional (de recursos humanos) contribuir para a solução de questões relacionadas à gestão de pessoas, além de acompanhar esse processo.

» Participar de projetos específicos, mesmo que de cunho mais técnico, de seu cliente interno.

» Acompanhar tendências de gestão de pessoas.

» Assessorar as áreas-clientes no levantamento de necessidades de treinamento.

» Colaborar na identificação de novos talentos.

» Oferecer assessoria na definição de programas específicos de cargos, salários e benefícios, entre outras funções.

Já as competências que permeiam o profissional consultor interno de recursos humanos, dentro desse modelo, são:

» **Visão de futuro:** capacidade que esse profissional tem de visualizar as novas tendências, além de analisá-las e incrementá-las com as suas próprias opiniões e os seus experimentos, tornando-as factíveis, aliada ao fato de exercer pensamentos proativos e sempre à frente dos demais.

» **Comprometimento:** deve ser demonstrado através de seu alto grau de identidade com a cultura e com os valores da organização na qual trabalha. Deve ainda acreditar no sucesso da empresa e agir de forma consistente e coerente com os princípios fundamentais que norteiam a identidade organizacional.

» **Comunicação verbal e escrita:** cuidar para que os seus interlocutores entendam corretamente sua mensagem e demonstrem competência em saber transmitir e explicitar, de forma oral e escrita, suas ideias, pensamentos e informações, utilizando-se de uma linguagem correta e clara.

» **Negociação:** demonstrar assertividade e ética, apresentar argumentos persuasivos e agir de forma a fazer prevalecer a obtenção de acordos satisfatórios para todas as partes envolvidas indicam que o consultor interno de recursos humanos apresenta essa competência.

» **Empreendedorismo:** além de ações eficazes dentro dos contextos e das situações apresentadas, o profissional precisa ter atitudes aliadas à capacidade de gerir o negócio com estratégias inovadoras e criativas, sabendo desmembrar as crises e transformá-las em oportunidades.

» **Foco em resultados:** muitas vezes excedendo o cumprimento de suas metas, o consultor interno de recursos humanos deve demonstrar atitudes orientadas para a geração dos resultados compromissados, revertendo dificuldades e incorporando novos conceitos e experiências, aliados ao princípio do fazer acontecer e ao cumprimento de metas e objetivos.

» Senso de relevância: possuir senso de relevância e voltar-se para as ações diferenciadas, podendo agregar valor aos produtos e serviços.

» **Planejamento:** além de saber estabelecer prioridades utilizando-se de estratégias adequadas, o profissional também deve mostrar o conhecimento de predeterminar estrategicamente o curso de uma determinada ação por meio de suas técnicas e seus métodos que, se aliados aos objetivos organizacionais, atingirão e/ou permitirão que sejam revistas as prioridades.

» **Perfil questionador:** saber discutir e expor seus pontos de vista, opiniões, apreciações ou ideias, se divergentes, com espontaneidade e segurança sem ferir suscetibilidades ou causar constrangimentos.

» **Relacionamento intrapessoal e interpessoal:** apresentar certo equilíbrio e amadurecimento emocional, aliados à autoestima; saber estabelecer contato com as pessoas, de acordo com padrões e normas socioculturais aceitáveis, interagindo e evidenciando tato e polidez na forma de dirigir-se ao outro; perceber os sentimentos e as necessidades de outras pessoas e agir levando-os em consideração; saber compartilhar ideias e conhecimentos; preocupar-se em manter ótimos relacionamentos; ser sucessivamente procurado para resolver conflitos. Isso mostra desenvoltura e bom-tom ao lidar com o outro.

Já o modelo de consultoria interna de recursos humanos:

» Deve praticar um processo de gestão diferenciado e significativo tanto com clientes internos quanto com o negócio da empresa, pois isso possibilita a agilidade na tomada de decisões, que é permeada de ações mais inteligentes e menos processuais.

» Deve desenvolver formas que estimulem o senso crítico e questionador das pessoas, incentivando ainda a criatividade de forma a provocar inovações, posturas empreendedoras e arrojadas.

» Deve orientar os times na direção de "fazer acontecer".

» E, por último, o modelo também propõe fundamentalmente a ideia de manter o capital humano engajado em qualquer mudança.

É importante salientar que deve haver clareza quanto ao modelo que a organização pretende adotar e quanto à forma como a área de recursos humanos deseja transmitir suas mensagens de modo a realizar uma gestão de comunicação diferenciada. E. para tal, faz-se necessário planejar e divulgar as ideias no momento apropriado, adequando o modelo pautado à situação atual da empresa.

4.4 AVALIAÇÃO DE DESEMPENHO

A Avaliação de Desempenho é um processo utilizado pelos gestores nas organizações com o objetivo de conseguir que os membros da equipe de trabalho orientem seus esforços no sentido dos objetivos da organização.

No processo de avaliação de desempenho são identificadas habilidades e competências dos funcionários que precisam ser mantidas e as que necessitam ser desenvolvidas, por meio da elaboração de planos de ação entre avaliador e avaliado.

Muitas organizações aplicam avaliação de desempenho de forma incorreta, pois não criam condições adequadas relacionadas ao clima, ao sistema de gestão, de desenvolvimento profissional, para que apresentem um bom desempenho consideram que o desempenho das pessoas é uma manifestação da vontade destas.

Na era da administração científica, avaliar desempenho ganhou muita importância, principalmente por F. Taylor que utilizava meios, tais como escalas gráficas para controlar o desempenho e disciplina dos trabalhadores, com a implantação da racionalização do trabalho, que objetivava controlar o tempo e o movimento dos trabalhadores para aumentar a produtividade.

Segundo REIFSCHNEIDER (2008), a saúde organizacional requer uma demanda de alto desempenho, que é caracterizada pelos sucessos e insucessos, cuidando para não confundir insucesso com baixo desempenho. Outro cuidado é não ter funcionários que não se arriscam, considerados por Peter Drucker como medíocres, que se restringem a um desempenho seguro e conformista, não apresentando assim alto desempenho.

Com a evolução das relações de trabalho e surgimento de novos modelos de administração, outras formas para avaliar o desempenho foram adotadas. Assim, as organizações passaram a considerar a motivação, a retenção e criaram planos e ações para o desenvolvimento dos funcionários.

No modelo antigo, o avaliador geralmente era o chefe, sendo que só ele era autorizado a avaliar, sem fornecer retorno ao funcionário, pois o sistema era confidencial, esta falta de conhecimento não permitia mudanças nos comportamentos e consequentemente no desempenho dos funcionários.

A avaliação de desempenho não deve castigar ou beneficiar alguém, e sim, apresentar pontos fracos e fortes, pessoas ou áreas com necessidade de melhoria. Em relação ao aplicador, serve como uma oportunidade de refletir sobre conceitos individuais e a realidade da empresa.

Segundo Chiavenato (2010), a avaliação de desempenho é uma apreciação sistemática do desempenho de cada pessoa, em função das atividades que ela desempenha, das metas e resultados a serem alcançados, das competências que ela oferece e do seu potencial de desenvolvimento.

O sucesso do processo de avaliação deve considerar que desempenho e objetivos devem ser tópicos inseparáveis da avaliação de desempenho; não pode haver avaliação subjetiva; deve ser utilizada para melhorar a produtividade aumentando sua eficiência e eficácia (CHIAVENATO, 2010).

Estas organizações têm clareza do propósito da avaliação como instrumento de desenvolvimento de pessoas. Os funcionários precisam receber retorno sobre seu desempenho para saber se estão atendendo às expectativas da organização, se não, quais aspectos precisam ser desenvolvidos, isto leva os gestores e funcionários a ter clareza sobre as potencialidades e dificuldades. Outro benefício da avaliação de desempenho é a possibilidade da identificação de talentos.

As práticas da avaliação de desempenho não são recentes, mas datam desde a Idade Média. Nessa época os religiosos utilizavam sistemas de notas e relatórios para acompanharem as atividades e o potencial de seus jesuítas que pregavam a religião aos quatro cantos do mundo, apenas utilizando os navios e a vela, os únicos meios de transporte e de comunicação existentes.

Tais sistemas eram um resumo de autoclassificações feitas pelos membros da ordem, relatórios esses escritos por superiores a respeito das atividades dos seus subordinados, e também relatórios individuais feitos por aqueles jesuítas que acreditassem possuir informações acerca de seu próprio desempenho ou de seus colegas, os quais ficavam restritos aos superiores.

No século XIX, o serviço público Federal dos Estados Unidos implantou um sistema de relatórios anuais para avaliar o desempenho de seus funcionários. No entanto, foi a partir da Segunda Guerra Mundial que a avaliação de desempenho passou a se proliferar nas organizações enquanto ferramenta técnica para avaliar o homem e seu ambiente de trabalho versus os resultados esperados e alcançados pela organização.

Hoje as organizações se veem compelidas a tomar atitudes criativas e inovadoras capazes de atender às necessidades de seu público ao mesmo tempo em que possam garantir qualidade, rapidez e credibilidade. No campo da inovação, não basta apenas incorporar novas tecnologias e racionalizar os processos. É preciso criar instrumentos que avaliem e aperfeiçoe os processos e os seus responsáveis de forma válida e coerente. Nesse contexto é que surge a Avaliação de Desempenho enquanto instrumento norteador da qualidade, eficiência e eficácia organizacional.

A avaliação de desempenho ocorre em dois níveis: o institucional, que procura avaliar se a missão, a visão de futuro e as diretrizes políticas, econômicas e sociais atendem às expectativas e necessidades dos clientes; e o outro se refere ao nível das pessoas, que visa avaliar as competências individuais e coletivas que contribuem para agregar valor e sucesso organizacional.

A presente preocupação com o desempenho humano é imperiosa para o ajustamento à atual conjuntura que não só estabelece novas regras para o mercado, como também vem redefinindo o papel das organizações públicas e sociais, com destaque para os indicadores de efetividade (impacto na sociedade) e eficácia (alcance dos objetivos) acrescidos da busca de implementação de uma prática de avaliação que permita o aprimoramento das pessoas e dos processos de trabalho.

Outro aspecto importante da avaliação de desempenho é que ela também oferece condições de diagnosticar a saúde da organização, permitindo a análise dos fatores interdependentes que conduzem o comportamento individual e coletivo e que por sua vez interferem na atividade e no ambiente de trabalho. Avaliar o desempenho das pessoas no trabalho, implica, consequentemente, conhecer a dinâmica comportamental própria de cada um, o trabalho a ser realizado e o ambiente organizacional em que essas ações se passam.

Em termos individuais, é vista como uma oportunidade para o indivíduo se autoconhecer e autodesenvolver, apontando os aspectos positivos e negativos da personalidade em consonância com as habilidades e potencialidades de cada pessoa, criando comportamentos de autenticidade e espontaneidade, valorizando as forças e a sinergia para o trabalho.

A avaliação de desempenho está associada à motivação, uma vez que favorece ao indivíduo tomar consciência de sua forma de trabalho, apontando diretrizes para a superação dos limites e aprimoramento das qualidades, resultando em maior comprometimento com a organização e com os resultados.

O maior diferencial de uma organização está no capital humano que ela dispõe, uma vez que o desempenho humano acarreta o sucesso da própria empresa. Diante de tal colocação, pode-se definir em linhas gerais o termo avaliação de desempenho como:

Uma apreciação sistemática do desempenho de cada pessoa em função das atividades que ela desempenha, das metas e resultados a serem alcançados e do seu potencial em desenvolvimento.

A avaliação do desempenho é um processo que serve para julgar ou estimar o valor, a excelência e as qualidades de uma pessoa, e, sobretudo, a sua contribuição para o negócio da organização (CHIAVENATO, 1999, p. 189).

A identificação do perfil de competências prevê o mapeamento das competências que estão alinhadas com as estratégias e conhecimentos definidos pela organização.

As pessoas deverão alcançar resultados por meio das competências, de forma a contribuir com a competitividade da organização. O levantamento do perfil de competências deverá ser realizado com o gestor da área e de gestores de áreas afins da organização, por meio de entrevista e observação de profissionais.

Nos modelos de competência há necessidade de se identificar os conhecimentos e experiências para o desenvolvimento das atividades. A descrição de cargo tradicionalmente utilizada prevê a descrição das funções e atividades que compõem o cargo, independentemente das estratégias da organização. No perfil do cargo, a definição era feita pelas tarefas que compõem o cargo. O modelo do perfil por competências prevê o mapeamento das competências que fazem parte da estratégia adotada pela organização.

A construção de um perfil de performance complementa o mapeamento de competências e com isso o foco da seleção deverá ser nos candidatos que apresentam resultados ao invés dos que apresentam competências.

Após o levantamento das competências há necessidade de se agrupar e definir as competências; de analisar o agrupamento e as definições para certificar-se das estratégias da organização e definir os indicadores para medição das competências.

Nos modelos de competência há necessidade de se identificar os conhecimentos e experiências para o desenvolvimento das atividades.

O início ocorre com a identificação das competências essenciais, buscam-se as organizacionais, como vimos anteriormente, relevantes para as áreas e funções e após a definição das competências individuais, técnicas e comportamentais, que nortearão os processos de gestão de pessoas.

O mapeamento de competência prevê a formulação da Estratégia Organizacional com a definição de missão, visão, valores e objetivos, estabelecendo também os indicadores de desempenho para atingir as metas. Assim, por meio da cultura e da estratégia organizacional deve-se definir os atributos de competência válidos para todos na organização.

A definição dos atributos de competências deve ser realizada como segue:

» Identificar as competências necessárias e as competências existentes, reduzindo ou eliminando os gaps com ações de treinamento e desenvolvimento, dentre outras.

» Identificar as competências de cada área ou função, definindo cada uma delas em conjunto com os gestores, estabelecendo um rol de competências. As competências devem ser descritas considerando os comportamentos objetivos e passíveis de observação.

Com a descrição das funções ou cargos, identificar com os gestores os atributos de competências técnicas e comportamentais válidos para toda a organização e no final agrupá-las por similaridades.

Após os passos anteriormente indicados, deve-se implementar a gestão por competências e isso prevê o envolvimento dos funcionários, por meio de ações de comunicação e treinamento, para que todos conheçam o novo sistema de gestão e o que é esperado de cada um.

É importante a integração de todos os processos de recursos humanos, com foco na gestão por competência, tais como: avaliação de desempenho por competência, remuneração por competência e desenvolvimento também com base no modelo de competências.

A área de recursos humanos ou gestão de talentos deve fazer um acompanhamento constante junto aos gestores e funcionários para que a implementação desse processo e a integração dos outros processos seja um sucesso na organização.

Ao tratarem das competências na organização procuram deslocar o enfoque do conceito de competência individual para uma visão genérica que privilegia a competência como um atributo das organizações. Nesse âmbito, Sandberg (1994) aponta em seus estudos a apreensão de competências pelos gestores, dividindo-as de acordo com os critérios que focam as competências no nível coletivo e no nível individual. Isto é, na perspectiva do coletivo, as competências são analisadas em termos de competências essenciais, de modo que no nível coletivo ultrapassa aspectos da existência humana, estando presentes em diversos sistemas e rotinas das organizações.

Assim, as competências essenciais podem ser conceituadas como: um conjunto central de *insights* de definição e de solução de problemas que possibilita à empresa criar alternativas de crescimento estratégico potencialmente idiossincráticas e para lidar, ao menos parcialmente, com seu ambiente.

A empresa deve ser vista em sua estrutura como um portfólio de competências, em que as competências pertencem à organização e são identificadas como um conjunto de habilidades, tecnologias e capacidades presentes na empresa e que são responsáveis pelo seu sucesso. São as conhecidas competências essenciais, consideradas a alma de uma corporação.

Dutra (2004) complementa dizendo que, de um lado tem as pessoas, com as suas competências próprias, de outro, a organização, a qual possui também um conjunto de competências que lhe é particular, cuja origem se deve ao processo de desenvolvimento pelo qual passou, constituindo assim seu patrimônio de conhecimentos e de acordo com este, definindo suas vantagens competitivas no contexto no qual está inserida. É aí que se percebe a relação entre os dois grupos de competências, os quais estão inter-relacionados entre si.

No entanto, para reconhecer as competências essenciais da organização, faz-se necessário, entender as razões que levam uma empresa a alcançar resultados superiores e quais capacidades distintivas que a sustentam. Fleury (2002) argumenta que as competências são importantes para a formulação de estratégia organizacional, uma vez que as organizações passam por um período de intensa competitividade. Desse modo, quando uma empresa escolhe a sua estratégia competitiva, identifica por sua vez as competências essenciais ao seu negócio e as competências necessárias a cada função.

Para que as ações decorrentes da avaliação sejam efetivas, torna-se necessário fornecer o *feedback* aos funcionários continuamente, avaliar o desempenho ao longo de um período, por exemplo, um ano e não considerar apenas fatores positivos ou negativos isolados. Assim, deve haver um clima de respeito e transparência na relação entre o funcionário e a organização.

As teorias da motivação, além da pesquisa da ciência comportamental, justificam os programas de pagamento por mérito, bem como outros programas de pagamento por desempenho. Contudo, um aumento de mérito na faixa de 7% a 9% é necessário para atuar como um fator de remuneração motivados. Os funcionários podem gostar de receber aumentos em porcentuais menores, mas os pequenos aumentos de salários podem não incentivar a realização de maiores esforços a ponto de influenciar nos resultados corporativos. Consequentemente, no caso de orçamentos baixos destinados aos salários, as organizações que quiserem recompensar seus funcionários por melhor desempenho precisarão distribuir uma grande parte do orçamento da remuneração para esses indivíduos. Um significativo aumento de pagamento por mérito atrairá a atenção dos profissionais com melhor desempenho, ao mesmo tempo que representa um alerta para aqueles que apresentam um desempenho ruim. Uma política de remuneração estratégica deve ser capaz de diferenciar entre os níveis de desempenho: excelente, bom ou médio. Além disso, aumentos concedidos com base no mérito deverão ser diferenciados de aumentos relacionados ao custo de vida ou a outros aumentos em geral.

Aumentos por mérito nem sempre atingem seus objetivos. Ao contrário do bônus, o aumento por mérito pode ser incorporado ao salário após dado período (usualmente, um ano), mesmo quando ocorre queda no desempenho. Quando isso acontece, os funcionários deixam de ver relação do aumento com o próprio desempenho. Além do mais, aquilo que se costuma chamar de aumento por mérito geralmente acaba se revelando em aumento com base em tempo de serviço ou em favoritismo. Uma avaliação parcial efetuada por um superior, quanto ao desempenho de seu subordinado, pode representar um papel muito importante na concessão do aumento. Mesmo quando os aumentos por mérito são determinados pelo desempenho, os ganhos do funcionário podem ser contrabalançados pela inflação e por impostos de renda mais altos. Especialistas em remuneração também reconhecem os seguintes problemas com os planos de pagamento por mérito:

1. O dinheiro disponível para os aumentos por mérito pode ser insuficiente para aumentar satisfatoriamente o pagamento-base dos funcionários.

2. Os gerentes podem não ter orientação sobre como definir e medir o desempenho; os critérios de recompensa por mérito podem ser vagos.

3. Os funcionários podem não acreditar que sua remuneração esteja ligada ao esforço e ao desempenho; eles podem não conseguir diferenciar o pagamento por mérito de outros tipos de aumentos de pagamento.

4. Os objetivos da avaliação de desempenho, por parte dos funcionários e dos seus gerentes frequentemente estão em desacordo.

5. Pode haver falta de honestidade e de cooperação entre a gerência e os funcionários.

6. Tem-se demonstrado que programas gerais de pagamento por mérito não motivam níveis superiores de desempenho do funcionário.

Para o sucesso de um programa de incentivo, os funcionários devem desejar que ele seja implantado. Esse desejo pode ser influenciado em parte pela maneira como a direção apresenta o programa e consegue convencer os funcionários de seus benefícios. Incentivar os funcionários a participar do desenvolvimento e da administração do plano provavelmente aumenta a disposição em aceitá-lo.

Os funcionários devem ver uma relação clara entre os pagamentos de incentivo que recebem e seu desempenho no trabalho. Essa relação será mais clara se houver padrões objetivos de qualidade e de quantidade pelos quais possam julgar seu desempenho. O compromisso por parte dos funcionários em atender a esses padrões também é essencial para que os programas de incentivo tenham êxito. Isso exige confiança e entendimento entre funcionários e seus supervisores, o que pode ser possível somente por meio de canais de comunicação abertos e de mão dupla. A direção e a gerência jamais devem permitir que os pagamentos de incentivo sejam vistos como um direito. Em vez disso, esses pagamentos devem ser vistos como uma recompensa que precisa ser conquistada com esforço.

5. CAPITAL INTELECTUAL NAS ORGANIZAÇÕES

Capital intelectual é somente isso: um ativo de capital que consiste em material intelectual. Para ser considerado capital intelectual, o conhecimento precisa ser um ativo possível de ser usado para criar riqueza. Dessa maneira, o capital intelectual inclui: os talentos e habilidades de indivíduos e grupos; redes tecnológicas e sociais e o software e a cultura que as conecta; propriedade intelectual, como patentes, *copyrights*, métodos, procedimentos, arquivos etc.

Ele exclui conhecimento ou informação não relacionada com a produção ou criação de riqueza. Da mesma forma que matérias-primas como minério de ferro não devem ser confundidas com um ativo como uma usina de aço, materiais de conhecimento como dados ou fatos diversos não devem ser confundidos com ativos de conhecimento.

Do ponto de vista da contabilidade tradicional, o capital intelectual frequentemente não se enquadra na definição de ativo. Geralmente, sob as regras da contabilidade, um ativo deve ser tangível; deve ter sido adquirido em uma ou mais transações, de forma que possua um custo conhecido ou um valor de mercado, e deve estar sob o controle da parte a que esse ativo pertence. Desse modo, habilidade científica não é um ativo contábil, mas equipamento de laboratório é.

A teoria do capital intelectual questiona que essa definição é muito limitada e obstrui os negócios na identificação, gerenciamento e desenvolvimento de ativos de conhecimento. Por sua vez, isso inibe a capacidade das empresas em competir e prosperar em uma economia na qual o conhecimento se tornou uma importante fonte de lucros. Os capitalistas intelectuais usam uma definição menos rígida: um ativo é algo que transforma matéria-prima em alguma coisa mais valiosa.

E a caixa preta de um mágico. Coloca-se algo dentro (alguns lenços, digamos); o ativo faz alguma coisa para transformá-lo e sai valendo mais do que entrou – coelhos, talvez. A questão da propriedade e do controle importa menos do que a questão do acesso. Uma empresa pode não ser dona da *expertise* científica (na forma de um grupo de empregados, por exemplo), mas possui o uso desse conhecimento e pode exercer influência quase proprietária sobre como é usado.

5.1 CONCEITO DE CAPITAL INTELECTUAL

Capital intelectual, então, é o conhecimento que transforma matérias-primas e as torna mais valiosas. As matérias-primas podem ser físicas – o conhecimento da fórmula da Coca-Cola é um ativo intelectual que transforma alguns centavos de açúcar, água, dióxido de carbono e aromatizantes em dólares de refrigerantes. A matéria-prima pode ser intangível, como informação. Conhecimento da legislação é um ativo intelectual; um advogado pega os fatos de uma disputa (matéria-prima) e transforma-os a partir de seu conhecimento legal (um ativo intelectual) para produzir uma opinião ou um parecer (uma saída de maior valor do que os fatos por si só).

Apesar de a contabilidade financeira não mensurar capital intelectual, os mercados claramente o fazem. Ações de empresas na indústria farmacêutica, por exemplo, geralmente pagam um alto prêmio sobre seus valores de face, e o retorno dessas empresas nos ativos líquidos é, de modo atípico, muito alto; mas se seus gastos em pesquisa e desenvolvimento são adicionados a seu capital, tanto sua relação valor de face e valor de mercado como seus retornos nos ativos se assemelhariam aos de empresas de uso menos intensivo de conhecimento. (Há um lento movimento crescente para encontrar maneiras de contabilizar o capital intelectual e apresentá-lo aos *stakeholders*. Países escandinavos, em particular a Dinamarca, são os líderes nesse campo).

Na verdade, foi o comportamento incomum das ações das empresas de uso intensivo de conhecimento que primeiro chamou a atenção dos analistas para o capital intelectual. O termo parece ter sido empregado pela primeira vez em 1958, quando dois analistas financeiros, descrevendo as avaliações do mercado de ações de várias pequenas empresas com atividades científicas, concluíram que o capital intelectual dessas empresas é talvez seu elemento mais importante, e notaram que seus altos valores de ação poderiam ser chamados de prêmio intelectual.

Karl-Erik Sveiby, um sueco intrigado pelo comportamento anômalo das ações das empresas de conhecimento intensivo, começou uma pesquisa que produziu a primeira análise da natureza do capital intelectual. Sveiby, seus colegas e a Affarsvarlden, a revista de negócios mais antiga da Suécia, notaram que o modelo próprio da revista para avaliar ofertas iniciais de ações não funcionava para empresas de alta tecnologia. Sveiby concluiu que essas empresas possuíam ativos não descritos nos documentos financeiros ou no modelo da revista. Com um grupo homogêneo de colegas, ele organizou o que isso poderia ser. Em Den Osynliga Balansäkningen Ledarskap (O balanço patrimonial invisível), de 1989, eles colocaram a pedra fundamental para muito do que viria, trazendo a taxonomia para o capital intelectual. Ativos de conhecimento, eles propuseram, poderiam ser encontrados em três lugares: nas competências do pessoal da empresa, em sua estrutura interna (patentes, modelos, sistemas administrativos e de computador) e em sua estrutura externa (marcas, reputação, relacionamentos com clientes e fornecedores).

Após alguns ajustes por outros – as peças agora são normalmente conhecidas por capital humano, capital estrutural (ou organizacional) e capital de clientes (ou de relacionamentos) – o modelo de Sveiby se mantém. Logo depois, Leif Edvinsson, um executivo da empresa sueca de serviços financeiros Skandia, convenceu sua administração a nomeá-lo Diretor de Capital Intelectual; a Skandia se tornou o mais notório laboratório para estudos do capital intelectual do mundo.

Ideias amadurecidas floresceram em vários lugares ao mesmo tempo. Ikujiro Nonaka e Hirotaka Takeuchi, no Japão, começaram as pesquisas de como o conhecimento é produzido, que resultaram em The knowledge-creating company (Harvard Business Review, novembro-dezembro de 1991) e Thomas A. Stewart resumiu a pesquisa americana sobre capital intelectual em Brainpower: How intellectual capital is becoming America most important asset.

Toda empresa ou organização possui as três formas de capital intelectual. O capital humano consiste em habilidades, competências e capacidades dos indivíduos e grupos. Varia de competências técnicas específicas a habilidades mais subjetivas, como capacidade de vendas ou de trabalho em equipe. Um capital humano individual humano, legalmente, não pode ser propriedade de uma empresa; o termo se refere, então, não só ao talento individual, mas também às habilidades e aptidões coletivas da força de trabalho. Na verdade, um desafio encarado por executivos é como gerenciar o talento realmente fora de série de membros de seu staff: como usá-lo ao limite sem se tornar completamente dependente de algumas estrelas, ou como incentivar essas estrelas a compartilhar suas habilidades com os outros. Competências que são irrelevantes para o negócio da empresa – a voz de tenor de um atuário, por exemplo – podem ser parte do capital humano individual, mas não de seus empregadores.

O capital estrutural compreende ativos de conhecimento que são, na verdade, propriedade da empresa: propriedade intelectual como patentes, *copyrights* e marcas registradas; processos, metodologias, modelos, documentos e outros artefatos de conhecimento; redes de computadores e software, sistemas administrativos e assim por diante. Um *data warehouse* é um capital estrutural; da mesma forma que é o software de apoio à decisão que possibilita que as pessoas acessem os dados. Um processo de gerenciamento do conhecimento é a conversão de capital humano – que normalmente está disponível apenas para poucas pessoas – em capital estrutural, para poder ser compartilhado. Isso acontece, por exemplo, quando uma equipe coloca por escrito as lições aprendidas em um projeto de forma que os outros possam aplicá-las. Algum tipo de capital intelectual pode ser classificado como propriedade comum; software de código aberto é um exemplo. Em geral, entretanto, ativos proprietários, intelectuais ou não, são de valor mais estratégico do que ativos igualmente disponíveis para os concorrentes.

O capital de cliente é o valor dos relacionamentos com fornecedores, aliados e clientes. Duas formas comuns são o valor da marca e a fidelidade dos clientes. O primeiro é uma promessa de qualidade (ou alguma outra característica) pela qual o cliente concorda em pagar um preço diferenciado; o valor das marcas é mensurado em termos financeiros. A fidelidade dos clientes é também quantificável, usando análise de fluxo de caixa descontado. Ambos são frequentemente calculados quando empresas são compradas ou vendidas. De certa forma, todo o capital de cliente deveria eventualmente se refletir tanto em um preço diferenciado como em um relacionamento comprador-vendedor duradouro.

Toda empresa possui capital intelectual nas três manifestações, mas com ênfases variadas, dependendo de sua história ou sua estratégia. Por exemplo, uma empresa química pode ter como ativo de conhecimento a habilidade de misturar compostos químicos sob medida para atender precisamente às necessidades do cliente. Esse ativo poderia ser baseado em pessoas, residindo no conhecimento não formalizado de vários químicos competentes; poderia ser estrutural, encontrado em uma grande biblioteca de patentes e manuais ou em bases de dados ou sistemas especialistas; poderia ser baseado em relacionamentos, encontrado nos fortes laços da empresa com seus clientes, fornecedores, universidades etc. Mais provável é, naturalmente, que o ativo – a capacidade de produzir compostos químicos sob medida – seja uma combinação dos três. Uma empresa que assume uma abordagem estratégica para o capital intelectual examinará seu modelo de negócios e os princípios econômicos de seu segmento para gerenciar a combinação do capital humano, estrutural e de cliente de forma a criar um valor que seus concorrentes não consigam atingir.

5.2 ORGANIZAÇÕES BASEADAS EM CONHECIMENTO

As decisões estratégicas podem levar a uma reconfiguração do rol de competências desejado, exigindo o desenvolvimento de novas habilidades e novas competências. Isso pode exercer uma pressão significativa sobre as organizações para permanecerem à frente em termos de nível de capacitação de sua força de trabalho. A pressão é ainda mais exacerbada pela importância cada vez maior do conhecimento e da *expertise* como fontes de vantagem competitiva. Igualmente desafiadora é a criação de uma liderança consistente e sustentável; isso requer ferramentas para recrutar e reter os melhores talentos de liderança e apoiar seu desenvolvimento, de modo que os novos líderes possam se destacar no complexo desafio de gerenciar em um mundo altamente dinâmico e em um ambiente de redes globais.

As ferramentas para criar a excelência de pessoas pela aprendizagem vão do treinamento tradicional de habilidades ou de programas de aprendizagem prática (*Action Learning*) cuidadosamente projetados ao *coaching* e exercícios ao ar livre para o desenvolvimento de equipes ou comunidades de prática. Essas ferramentas incluem sistemas avançados de *e-learning* – por vezes, até videogames e plataformas virtuais como o Second Life. A criatividade e a qualidade de designs didáticos nos ambientes corporativos costumam ser muito superiores no sistema educacional externo, devido à maior pressão para gerar resultados. A educação corporativa se destaca no domínio da excelência de pessoas.

Criar excelência de pessoas é um domínio essencial da aprendizagem; no entanto, ele não abrange as necessidades de aprendizagem e desenvolvimento da organização. É possível desenvolver os melhores e mais brilhantes profissionais, mas eles não terão um bom desempenho se forem impedidos por inércia organizacional, hierarquias de múltiplas camadas, processos ineficientes de tomada decisões ou uma cultura de desconfiança e intriga. A educação corporativa é inútil se não puder orientar o design geral da organização.

Revisar estruturas, mecanismos, sistemas de incentivo e políticas é uma das ferramentas mais poderosas de intervenção da aprendizagem. Ela merece lugar de destaque na pauta das funções da educação corporativa. Organizar uma empresa de forma que promova o diálogo, a colaboração através de fronteiras, a disposição de correr riscos empresariais, a diversidade, a inovação, entre outros, pode ser uma intervenção muito mais eficiente e eficaz do que gastar dinheiro em treinamento, *coaching* educação executiva enquanto se deixa o contexto intacto. Sabemos que os processos de aprendizagem são estimulados e orientados pela criação de uma diferença ou um incômodo no sistema, e é possível criar intervenções para fazer exatamente isso. A criação de uma iniciativa organizacional que estimule a aprendizagem correta é mais uma arte do que uma ciência; pelo fato de cada contexto ser inigualável, também requer habilidades de diagnóstico, sensibilidade e sofisticação política e criatividade de design, mas as recompensas são muito mais ricas do que as provenientes de designs de aprendizagem inteligentes, mas limitados, que se concentram apenas na qualificação do pessoal.

Além disso, a educação corporativa deve contribuir para o desenvolvimento e a promoção do rol adequado de competências organizacionais. Essas competências incluem não apenas as habilidades dos colaboradores, mas as competências essenciais mais profundamente incorporadas que podem fazer a diferença no mercado, como velocidade dos processos, *expertise* tecnológica, engenharia de precisão, habilidades de distribuição em grande escala, customização em massa, inovação aberta, diferenciação do produto ou qualquer outro elemento que constitua a essência da vantagem competitiva. O desafio é criar uma arquitetura de aprendizagem que capacite, por meio de seu design inteligente, uma organização de alto desempenho que se destaque na tomada de decisões e na execução, além de ser ágil e capaz de inovar e mudar continuamente.

A educação corporativa pode desempenhar papel particularmente importante ao apoiar o sucesso de uma fusão. Fusões e aquisições muitas vezes deixam de atingir seu pleno potencial devido à falta de sofisticação de atividades de integração pós-fusão e não são projetadas como processos de aprendizagem estratégica e organizacional. Do ponto de vista da aprendizagem, toda fusão ou *joint venture* proporciona muitas oportunidades para revolucionar mentalidades e romper estruturas engessadas. Nenhuma outra função é mais adequada a proporcionar plataformas para o diálogo sobre o significado estratégico e as implicações organizacionais de uma fusão. Nenhuma outra função tem a *expertise* necessária em design da aprendizagem organizacional para extrair uma variedade de perspectivas e culturas que acompanham as fusões.

O mais complexo domínio da educação corporativa é o desenvolvimento da excelência estratégica apoiando as tentativas da empresa de atingir e manter a liderança no mercado. Existem alguns princípios básicos que as organizações devem seguir em sua busca pela excelência estratégica e é nesse ponto que a arquitetura inteligente da aprendizagem organizacional entra em ação. As empresas precisam ter sensibilidade estratégica; elas precisam manter-se atentas à dinâmica de seu setor, a fim de permanecerem competitivas, e devem perceber as descontinuidades no ambiente que possam acionar grandes mudanças. Além disso, as empresas precisam de criatividade estratégica para reagir à dinâmica do mercado por meio da criação de novos modelos de negócios que abalem as regras atuais do jogo. Elas precisam ser capazes de identificar áreas de oportunidade resultantes da descontinuidade e explorá-las para seu benefício estratégico.

Manter-se alerta requer o desenvolvimento e a promoção de habilidades de compreensão nas fronteiras da organização que estão em contato com o mundo real, além da criação de espaços institucionalizados de incômodo capazes de abalar, de tempos em tempos, os mapas cognitivos existentes. Explorar as áreas de oportunidade emergentes requer a capacidade de ver o mundo através de lentes sempre novas, visando estender o olhar além do paradigma predominante do mercado. Isso também requer uma cultura de empreendedorismo ousado que incentive a experimentação e permita o fracasso.

Uma arquitetura inteligente de aprendizagem organizacional pode ajudar a criar esses espaços de incômodo e projetar pontos de contatos sensíveis no ambiente para melhorar a aprendizagem contínua; também pode incentivar a elaboração de políticas que promovam a ousadia organizacional por meio do design de espaços empreendedores protegidos que buscam a inovação do modelo de negócios. Designs estratégicos de aprendizagem como esses ajudam a combater a doença do líder – a tendência de as empresas líderes se acomodarem na arrogância e no orgulho e se aterem a modelos de negócios e rotinas organizacionais que, mais cedo ou mais tarde, se tornarão obsoletos.

5.3 O VALOR DO INTANGÍVEL E A TOMADA DE DECISÕES

A ascensão do conhecimento como o alavancador estratégico para a criação de valor gera grandes efeitos na maneira como as organizações lidam com esse ativo. A gestão eficaz do conhecimento tornou-se fator-chave de sucesso para a competitividade. As empresas precisam saber com clareza que tipo de conhecimento é crítico para seu modelo de negócios – tanto em termos de conhecimento de mercado quanto de competências internas – e precisam de mecanismos e políticas apropriadas para adquirir, agregar e utilizar esse conhecimento relevante.

Não é uma tarefa fácil para organizações que foram projetadas para constituir-se em máquinas eficientes. Ainda que algum conhecimento possa ser tratado como arquivo morto e rapidamente processado de acordo com um padrão industrial, as maiores e mais relevantes partes do conhecimento atual tendem a ser tácitas e ambíguas. Esse tipo de conhecimento está nas pessoas e nas práticas e se relaciona estreitamente com o contexto no qual encontra aplicação. Seu acesso é mais difícil e ele não pode ser administrado, como um banco de dados; precisa ser absorvido e continuamente reavaliado por meio do diálogo, já que resulta de variadas perspectivas, internas e externas. Ele não tem muita utilidade se não for convertido em um significado compartilhado e em mapas organizacionais, que irão apontar a resposta estratégica da organização.

Isso leva a outra dificuldade da gestão do conhecimento: como disponibilizar as informações estrategicamente relevantes às pessoas certas nos locais certos e no momento certo? Como envolver os *stakeholders* em um processo de geração e divulgação de conhecimento? E finalmente: como as organizações podem eliminar – ou desaprender – o conhecimento estrategicamente irrelevante ou obsoleto de forma que não se sobrecarreguem com coisas antigas e inúteis?

Podemos ver que a gestão do conhecimento é muito mais do que um modismo da TI do fim dos anos 1990, que acabou conferindo reputação confusa à prática. Como disse com elegância John Seely Brown, ex-diretor da Xerox e fervoroso defensor de uma nova ecologia da aprendizagem, as informações têm uma vida social e, se não reconhecermos esse fato, os investimentos de TI na aprendizagem e na gestão do conhecimento não renderão frutos. Lidar com o conhecimento organizacional de uma forma que faça sentido é um desafio amplo de aprendizagem. Isso requer uma arquitetura social inteligente que vincule as pessoas certas, em ambientes que estimulem o compartilhamento e a colaboração, com uma infraestrutura que apoie essas iniciativas. Uma arquitetura desse tipo pode incluir políticas de compartilhamento de conhecimento, sistemas de incentivo, mecanismos para desenvolver a confiança, o incentivo de comunidades de prática e a utilização de outras ferramentas de redes sociais para conectar os vários recursos internos e externos que constituem o que é considerado o verdadeiro conhecimento.

Um fator importante para impulsionar a aprendizagem na empresa é o reconhecimento de que as competências essenciais constituem as bases da vantagem competitiva de uma organização. O modelo da estratégia baseada em recursos, popularizado no início dos anos 1990 por C. K. Prahalad e Gary Hamel, distingue a fonte da vantagem estratégica não tanto como o resultado de um posicionamento inteligente em uma área de um mercado existente, mas no rol inconfundível de competências essenciais da empresa. Essas competências podem ser marcas, patrimônio físico, processos diferenciados, *expertise* tecnológica, talentos distintivos, acesso diferenciado a mercados de capital, entre outros. Elas não são facilmente imitadas e constituem o ponto de apoio da identidade de uma empresa. Uma parcela significativa dessas competências resulta do DNA da empresa, que muitas vezes remonta à ideia fundamental do negócio e está profundamente enraizada nas práticas históricas da organização. Mas outras competências podem ter sido adquiridas com o tempo, por meio de fusões e aquisições ou por meio da aprendizagem organizacional e dos processos de transformação internos.

As decisões sobre quais competências são essenciais em uma organização e como devem ser combinadas e desenvolvidas residem no centro da estratégia da empresa e de seu desafio de aprendizagem. As competências essenciais reduzem o espaço para manobras estratégicas, já que o sucesso de novas oportunidades de negócios depende muito de como essas oportunidades irão se associar bem ao rol de competências da empresa. O modo como as empresas percebem suas competências essenciais também tem enorme influência sobre a arquitetura de parcerias de uma organização. A definição do rol de competências de uma empresa determina quais atividades de negócios precisam permanecer dentro dos limites (isto é, no controle direto) da empresa e quais podem ser terceirizadas ou entregues por parceiros na cadeia de valor. A escolha é sempre estratégica, por se basear em premissas sobre quais atividades podem maximizar a criação de valor e alavancar melhor o posicionamento de uma empresa no mercado.

As aceleradas mudanças no ambiente corporativo têm efeito significativo sobre as competências de liderança que uma organização requer. Os processos que demandam o envolvimento formal de várias funções e níveis de controle interno não são apenas lentos e entediantes, como também criam uma cultura de inércia e obediência cega às regras. Apesar de esses processos poderem funcionar em ambientes estáveis e previsíveis, nos quais as regras não mudam, tornam-se disfuncionais em um contexto altamente dinâmico, que requer espírito empreendedor, flexibilidade e reações em tempo real.

Grandes empresas atoladas em arrastados processos internos e numa cultura centralizadora estão em desvantagem significativa em comparação aos concorrentes pequenos e ágeis, que não precisam atravessar uma selva de burocracia. Para manter a competitividade, grandes empresas precisam abrir mão de hierarquias ostensivas e do controle central e dar autonomia à periferia da Organização. O poder de decisão e a liderança operacional precisam ir além das fronteiras externas da empresa, pontos que estão em contato direto com o mundo real.

Capacitar as pessoas representa um enorme desafio de aprendizagem para grandes organizações. Isso demanda uma grande redefinição dos mapas cognitivos de executivos, gestores e colaboradores. A alta liderança deve aprender a abrir mão do controle operacional e tornar-se fonte de identidade e orientação estratégica geral. A principal função da alta liderança é criar uma arquitetura organizacional certa que incentive o empreendedorismo, o diálogo estratégico e a colaboração interfuncional. A educação corporativa pode exercer um papel importante na reorganização do modelo mental, de uma mentalidade de comando e controle a um papel essencialmente capacitador que crie um ambiente no qual as pessoas possam se desenvolver.

A gerência de nível médio que estava acostumada a desempenhar papel de intermediário entre as ordens provenientes de cima e a execução realizada embaixo deve desenvolver mentalidade empreendedora. Esses gestores precisam aprender a tomar as próprias decisões, a questionar a alta liderança com opiniões e sugestões criativas que recebem do ambiente, a colaborar transcendendo fronteiras sem aprovação prévia e a liderar com espírito de semiautonomia responsável.

Os colaboradores acostumados a uma cultura de comando e controle que recompensava a obediência e a execução cega precisam aprender a tomar decisões e agir ao lidar com reclamações de clientes, falhas no processo ou gestão da qualidade.

E essa é apenas a parte da equação que diz respeito às pessoas. Dar autonomia à periferia também requer delinear mecanismos organizacionais e políticas habilitadoras que ajudem a cria a cultura de liderança desejada. Isso requer uma arquitetura de aprendizagem que facilite a inter-relação de responsabilidades ao longo das linhas vertical e horizontal da organização e que ajude a capitalizar as oportunidades de aprendizagem que resultam de uma interface mais ampla com o mercado, administrada de modo mais consciente.

Empresas inteligentes têm profundo conhecimento de como podem atingir uma excelente alavancagem mantendo as atividades geradoras de valor para si, enquanto firmam parcerias e alianças para atividades não essenciais. Concentrar-se no essencial e estabelecer parcerias para o não essencial têm consequências organizacionais que também exercem pressão pela aprendizagem, dessa vez uma pressão bastante complexa: as organizações precisam aprender a abrir mão do controle operacional de atividades não estratégicas e a trabalhar com eficácia em redes.

E um grande desafio abdicar do controle, um desafio que tem pouca relação com ensinar conhecimento ou habilidades, e mais com desenvolver capacidades sociais e políticas para orquestrar o universo de *stakeholders* de uma empresa. Muitas das atividades que antes eram realizadas dentro dos limites da empresa deixaram de ser controladas apenas por um participante; agora elas requerem a colaboração de uma rede complexa que muitas vezes está espalhada ao redor do mundo e pode incluir centenas de participantes. Em organizações interligadas em redes globais, a vantagem competitiva de uma empresa não consiste tanto em ser a melhor, mas em sua capacidade de criar em colaboração com outras e administrar esse processo de criação colaborativa de forma mais eficiente e eficaz.

Desempenhar-se em uma rede interdependente de iguais requer habilidades de liderança operacional e estratégica diferentes das utilizadas em uma organização hierarquicamente controlada. O modelo de liderança tradicional, de comando e controle, funciona bem dentro dos limites de cada organização da rede, mas o poder hierárquico não funciona entre os membros de uma rede de criação colaborativa. A inter-relação entre os participantes |precisa de coordenação horizontal e processos de ajuste, que seguem a lógica de liderar sem poder formal.

Além disso, uma rede só é sustentável se seus membros puderem criar uma ampla arquitetura do tipo ganha-ganha, que proporciona valor suficiente para que cada um deles se mantenha comprometido com a rede. Exceto em raros relacionamentos monopolistas, os membros de uma rede de criação colaborativa normalmente estão envolvidos em muitas redes diferentes de cadeia de valor que podem concorrer, colaborar, ou ambos. Liderança e influência na rede não são funções de autoridade formal, mas sim da capacidade de proporcionar o valor máximo para toda a comunidade de participantes. As empresas de maior sucesso serão aquelas que conseguirem posicionar-se melhor na batalha por clientes *premium*, pelos melhores fornecedores e por outros parceiros da rede, e que souberem como otimizar processos e a lucratividade para toda a rede, e não apenas para si mesmas. Embora um processo de otimização como esse demande investimentos e o envolvimento de todos os *stakeholders*, também cria uma rede sustentável com senso de propriedade conjunta do espaço e alto nível de integração mútua na cadeia de valor.

Considerando essa tendência, o desafio da educação corporativa para organizações integradas em redes globais envolve a promoção do rol de competências da empresa, ao mesmo tempo em que ajuda a desenvolver uma sólida arquitetura colaborativa em rede. Desenvolver a competência organizacional para que tenha êxito ao liderar como um participante da rede é a base para competir com sucesso no novo mundo plano. O desafio consiste em criar um processo de aprendizagem que enfatize o desenvolvimento de habilidades de comunicação e colaboração, em detrimento do tratamento unilateral tradicional de *stakeholders* externos.

Esse desafio estende o alcance da função de aprendizagem para além dos limites de uma organização. Qualquer arquitetura de aprendizagem que promova a colaboração interorganizacional precisa incluir os *stakeholders*, que são membros da rede de colaboração. A educação corporativa deve comunicar-se com clientes, fornecedores, parceiros, aliados ou legisladores e projetar um ambiente de aprendizagem capacitador para toda a cadeia de valor. Uma administração bem-sucedida de *stakeholders*, projetada como um espaço ecológico que ajuda uma rede a melhorar sua forma de colaboração, é uma competência de valor inestimável que ajuda a garantir a liderança no mercado.

5.4 AS DIRETRIZES DA APRENDIZAGEM NA GESTÃO DO CONHECIMENTO

A maioria das atividades de aprendizagem atuais em grandes organizações é conduzida em ambientes mais ou menos sofisticados que se concentram na capacitação da força de trabalho e no desenvolvimento da liderança. Essas atividades são orientadas por um compromisso real com a aprendizagem, com um grande empenho para se sobressair, mas representam uma reação insatisfatória às necessidades de empresas maiores.

Elas seguem um paradigma restrito, que, em grande parte, baseia sua composição na área de educação corporativa, com foco na qualificação individual. De acordo com esse paradigma, a aprendizagem costuma ser percebida como o domínio da função de RH, responsável pelo desenvolvimento de habilidades dos colaboradores. Com frequência, atuando à parte dos negócios e lutando por uma voz no conselho de administração, a educação corporativa é um dos elementos mais fracos no jogo de poder das práticas de negócios. Não é de se surpreender que, em épocas menos favoráveis, muitas vezes seja a primeira a sofrer cortes de orçamento.

Costuma-se acreditar que o aprendizado ocorre por meio da transferência de conhecimento ou informações de especialistas e professores a aprendizes ou alunos. Essa perspectiva não faz jus à complexidade nem às importantes implicações sociais da aprendizagem. Ela retira a aprendizagem do contexto individual e social, tratando o processo como uma interação mecanicista.

Atualmente, o sistema educacional no mundo ocidental é quase obsessivo em focar nas competências intelectuais, cognitivas e analíticas. Essa obsessão é estreitamente relacionada com o paradigma dominante da investigação científica elaborada em torno de uma explicação racional do mundo, o que resulta em uma abordagem mecanicista para lidar com ele. Apesar de a ênfase na racionalidade linear ter dominado o pensamento ocidental desde René Descartes, sabemos que o domínio cognitivo é apenas uma parte da equação e nem sempre a mais importante.

O gênio intelectual que trabalha em sigilo não tem impacto algum sobre o mundo; ele precisa agir e se conectar com seu ambiente. O especialista incapaz de comunicar sua *expertise* aos outros de maneira inspiradora permanece improdutivo e entediante. Até a análise mais inteligente de empresas de consultoria é irrelevante se não for colocada em prática em uma complexa rede de dinâmicas de poder corporativas. Em outras palavras, não basta ser inteligente. Criar impacto em nosso ambiente requer competências emocionais, sociais e políticas que nos permitem fazer as coisas acontecerem em um contexto de interesses conflitantes.

Além disso, agir cegamente por interesse próprio, sem um profundo conhecimento da interconexão dos sistemas e das consequências de longo prazo das ações, prejudica o equilíbrio dos sistemas e acaba sendo destrutivo. Para assegurar nossa sobrevivência no longo prazo, precisamos colocar o conhecimento e sua aplicação no contexto da responsabilidade moral e dos padrões éticos universais. Para compreender melhor essas várias dimensões que devem ser abordadas pela aprendizagem como uma prática essencial para assegurar a capacidade de uma organização de competir em ambientes complexos e altamente dinâmicos: excelência de pessoas, excelência organizacional e excelência estratégica.

Todos concordamos que não é possível haver uma excelente organização sem excelentes colaboradores, mas nem as melhores pessoas podem atingir o próprio potencial se forem restritas por culturas e estruturas organizacionais ineficientes. A excelência de pessoas e a excelência organizacional são dois lados de uma moeda que precisam ser abordados juntos para serem concretizados. Mas até mesmo excelentes organizações com excelentes colaboradores estão fadadas ao fracasso caso se acomodem com os sucessos anteriores. E nesse ponto que a excelência estratégica entra em ação – a capacidade de questionar continuamente as regras do jogo, transcender modelos de negócios existentes e administrar a rede de *stakeholders* de forma a alavancar as competências essenciais da empresa.

Uma das ideias mais restritivas da aprendizagem começa com a premissa de que as informações e o conhecimento independem do contexto e podem ser transmitidos de forma mecanicista do professor ao aluno. Depois, mensuramos a eficácia da transferência por meio de testes e comparamos o conhecimento do aluno antes e depois da intervenção de aprendizagem para avaliar o que foi aprendido. Nesse modelo, o aprendizado eficaz é definido por criar o mínimo possível de perda de informações. Essa visão mecanicista vê o aluno como um receptáculo passivo no qual o professor insere conteúdo. Esse modelo não leva em consideração o repertório específico do aluno nem o contexto da situação de aprendizagem.

No entanto, a aprendizagem por natureza é completamente dependente do contexto. O aluno não só traz o próprio repertório, como a essência da aprendizagem ocorre por meio do contexto social da própria situação de aprendizagem.

A aprendizagem depende do contexto, exceto quando ainda somos bebês, a aprendizagem nunca ocorre em uma tábula rasa. A aprendizagem sempre ocorre em um contexto: podemos aprender lendo um livro, ouvindo uma palestra, fazendo uma busca na Internet ou conversando com amigos. Independentemente da verdadeira realidade, sempre vemos o mundo por um filtro cognitivo e emocional influenciado por nossas experiências prévias. Precisamos desses modelos mentais e estruturas conceituais para compreendê-lo. Quando aprendemos, vinculamos novas informações com as que já temos e interpretamos esse *input* com base em nossa própria história, que é nosso repertório pessoal. Não existe objetividade no mundo da comunicação humana: qualquer coisa que aprendemos é sempre parcial e subjetiva de acordo com o contexto específico no qual pensamos e vivemos.

A aprendizagem relevante ocorre em contato com as diferenças, a aprendizagem relevante ocorre por meio do nosso contato diário com o mundo, por meio de nossas experiências e de nossas interações com as pessoas. Como as pessoas sempre trazem consigo seus históricos pessoais, cada encontro é necessariamente uma reunião de diferentes mentalidades e interpretações do mundo. O contato com pontos de vista ou situações novas abala os modelos mentais e emocionais que nos ajudam a estruturar o sentido do mundo. Eles são uma ameaça ao velho e conhecido e, dessa forma, nos incomodamos com eles. No entanto, essas diferenças e desconfortos são a fonte da aprendizagem. Aprendemos quando o conhecido se encontra. É com o desconhecido, quando diferentes pontos de vista entram em conflito e somos forçados a criar um novo sentido comum a todos.

As diferenças de perspectiva não precisam ser suprimidas; pelo contrário, se todos nós soubéssemos as mesmas coisas, pensássemos e nos sentíssemos da mesma maneira e tivéssemos os mesmos interesses, nenhum aprendizado e desenvolvimento poderiam ocorrer. Contudo, tendemos a negar as diferenças ou solucioná-las por meio do poder unilateral. Apesar de ser uma atitude necessária para agir com eficácia no nosso trabalho diário, isso destrói o potencial de aprendizagem existente naquilo que nos incomoda.

A arte de projetar excelentes contextos de aprendizagem se fundamenta na otimização do nível de diferença e de incômodo. Se não houver nada de novo na experiência, haverá muito pouco a ser aprendido. Mas o mesmo ocorre se houver diferença demais se você ensinar o conteúdo do ensino médio a um aluno do ensino fundamental, até o mais inteligente deles será incapaz de aprender. A criação de espaços projetados de incômodo reside no centro da prática da aprendizagem, independentemente de o espaço ser uma sala de aula, uma organização ou um processo de negócios.

A aprendizagem cria um contexto social, quando duas pessoas com pontos de vista diferentes se encontram, ambas vão aprender se permitirem que as diferenças renovem sua visão de realidade. Mas elas aprendem não apenas como indivíduos. O processo de negociar diferentes visões de mundo também cria uma experiência em comum e constitui um relacionamento social entre as partes. Em outras palavras, uma aprendizagem significativa cria um contexto social que vincula os participantes de uma nova maneira. Excelentes desenhos instrucionais levam em consideração o poder desse processo e tratam a criação de redes de relacionamento, que ocorre por meio da integração de diferentes perspectivas, como uma meta às vezes mais importante do que o conteúdo da aprendizagem tópica.

Estruturar a aprendizagem como uma mera transferência de conhecimento, em que o especialista fala e o público ouve, desperdiça grande parte do rico potencial do processo interativo. Uma noção restritiva da aprendizagem que se baseia principalmente em uma transferência de mão única do conhecimento pode ter seu papel no âmbito limitado do treinamento de habilidades e da aprendizagem baseada em fatos. Mas, para explorar plenamente a natureza do processo, a relação entre professor e aluno precisa se transformar em um diálogo entre iguais que contribuem com diferentes perspectivas, considerando o conhecimento do aluno uma contribuição tão importante ao processo de aprendizagem quanto o conhecimento do especialista. Para criar o verdadeiro aprendizado, o professor deve ser mais um facilitador de descobertas e ideias em meio a várias experiências do que o único provedor de conhecimento preestabelecido.

O papel das fronteiras para demarcar o contexto, a variedade de pontos de vista nem sempre leva ao aprendizado e ao desenvolvimento de um contexto social produtivo – na verdade, pode até levar ao oposto. Podemos ver isso no nível individual, quando uma pessoa tem dificuldade para se livrar de um preconceito e de determinada forma de pensar. E ainda mais difícil quando lidamos com sistemas mais amplos, cujos modelos de referência estão engessados em estruturas organizacionais, rotinas e no modo como a empresa atua. Os sistemas têm a tendência natural de fechar suas fronteiras para preservar a identidade. Eles veem os outros como uma ameaça a seus interesses e, naturalmente, resistem em pôr em xeque os modelos já estabelecidos.

Mas delimitações entre pessoas, departamentos ou empresas constituem o próprio espaço no qual a aprendizagem ocorre. Elas constituem o local em que a diferença é consolidada. Para vivenciar a diferença, devemos cruzar, ou pelos menos testar, essas fronteiras. Trata-se de um ato delicado. Manter as fronteiras fechadas como uma ostra cria silos desconectados com a realidade. Por outro lado, abolir as fronteiras reduz a diferença e, dessa forma, destrói as identidades singulares dos participantes. As fronteiras devem ser semipermeáveis para permitir uma inter-relação produtiva entre os vários conjuntos de conhecimento e modelos mentais comuns. O design inteligente das fronteiras constitui uma das tarefas mais delicadas e importantes de uma arquitetura de aprendizagem.

Essa tarefa passa a ser ainda mais crítica à luz da nova dinâmica, que surge do movimento em direção a organizações em rede e da perda do controle direto resultante disso. As redes forçam as empresas a colaborar por meio de fronteiras quando seus processos, antes dominados, passam a fazer parte de um processo distribuído de criação colaborativa. Toda empresa que tenha elementos externos à sua cadeia, que no passado eram de sua propriedade, sabe como é crucial projetar cuidadosamente a nova interface – a nova fronteira. As organizações que se destacarem na criação de arquiteturas inteligentes de sistemas integrados de aprendizagem se tornarão líderes confiáveis em sua rede de relacionamentos e criarão importante vantagem estratégica.

Os elementos que constituem o processo de aprendizagem demonstra a importância das intervenções que contextualizem a aprendizagem. Em termos mais simples, a aprendizagem só é eficaz se for incorporada |à prática. O ambiente tradicional de sala de aula é artificial e pobre em termos de contexto. Ele deixa para o aluno a tarefa de contextualizar o que aprendeu quando estiver em casa – uma discussão conhecida da transferência do aprendizado. Pela própria natureza, as empresas são extremamente ricas em termos de contexto, mas ainda conduzimos muitas atividades de aprendizagem organizacional longe da vida prática.

Se você perguntar às pessoas na rua como definiriam aprendizagem, a maioria diria que significa adquirir conhecimento sobre fatos e habilidades técnicas para realizar tarefas. Se você pedisse que elas elaborassem essa ideia, poderiam acrescentar que a aprendizagem também tem relação com o desenvolvimento do pensamento crítico. Elas pensarão nas experiências que tiveram na escola ou na faculdade, talvez em alguns seminários corporativos ou materiais de leitura. E isso é tudo. Elas não pensariam na aprendizagem que ocorre quando crianças (ou adultos) brincam e descobrem o mundo por tentativa e erro. Não pensariam nas experiências de aprendizagem diárias que fazem uma pessoa ver o mundo de forma diferente, como viagens, contato com pessoas fascinantes ou eventos significativos. E muito provavelmente não pensariam nos processos de aprendizagem naturais que ocorrem em sistemas complexos, organizações, mercados ou até nas sociedades.

Quando as organizações restringem a definição da aprendizagem a esse universo reduzido e limitado que ocorre em ambientes tradicionais, incorrem em enormes custos de oportunidade, na medida em que isso embaça sua visão sobre o potencial do conceito de aprendizagem. Uma definição restritiva também aloca a prática da aprendizagem às estruturas institucionais atuais, comumente vistas como proprietárias da função de aprendizagem – como os departamentos de RH e as faculdades de administração –, mas que não são adequadas para enfrentar ou dominar desafios de aprendizagem mais complexos. Contextuando as dimensões da aprendizagem abordaremos as abordagens a seguir mencionadas:

Aprendizagem tópica: essa dimensão é a que mais se aproxima da definição tradicional de aprendizagem e também é a dimensão com que é possível lidar com mais facilidade. Seu objetivo é a aquisição de fatos e conhecimento sobre o mundo. A aprendizagem tópica ocorre quando se ouve o que os outros sabem sobre o mundo, seja por meio de encontros pessoais, pela leitura de livros, assistindo à televisão ou navegando na Internet. Dessa forma, essa dimensão é a que mais se ajusta à noção da aprendizagem como uma transferência de conhecimento. Esse tipo de aprendizagem requer interação social mínima; grande parte pode ocorrer por meio de estudo autodidata. O desafio didático reside principalmente na estruturação do conhecimento para facilitar a compreensão, e seu sucesso é mensurado pela capacidade do aluno de reproduzir fatos, normalmente por meio de testes e provas. Essa é a única dimensão do aprendizado que se adapta a avaliações objetivas – ou as pessoas conseguem reproduzir o conhecimento ou não. A facilidade e o baixo custo da mensuração são algumas das razões que deram a essa dimensão uma importância desproporcional entre todas as dimensões na maioria das instituições de aprendizagem.

Aprendizagem analítica: E importante adquirir conhecimento sobre o mundo, mas, se restringirmos m esse aprendizado a apenas essa dimensão, não passaremos de um banco de dados debilitado. Para lidar com o conhecimento de forma significativa, precisamos compreender seu contexto, avaliar sua relevância e interpretar e analisar suas implicações mais profundas. Para criar novos *insights*, precisamos ser capazes de retirar o conhecimento do seu contexto conhecido, analisá-lo de diferentes pontos de vista, fazer relações criativas com outros contextos. Embora alguns aspectos dessa habilidade possam ser adquiridos ouvindo vários especialistas ou lendo sobre diferentes pontos de vista sobre o mesmo tema, ela pode revelar-se melhor em um diálogo facilitado com professores familiarizados com a arte da investigação crítica. Contextos de aprendizagem típicos no mundo dos negócios seriam estudos de caso em que a riqueza das perspectivas dos participantes é utilizada por um facilitador habilidoso para explorar vários aspectos de um case. No entanto, é difícil mensurar a capacidade analítica. Os critérios são a profundidade da compreensão e a extensão das perspectivas sobre um tema, a capacidade de avaliar criticamente premissas implícitas e tendências ideológicas.

As duas dimensões da aprendizagem tópica e analítica lidam com o aspecto cognitivo de como compreender o mundo. A maioria da‹

atividades formais de aprendizagem se dedica apenas a essas duas dimensões; a aprendizagem tópica e a analítica representam o paradigma científico-racionalista que tem dominado as sociedades ocidentais desde o Iluminismo. Elas são importantes para o progresso da ciência e proporcionam um fundamento para lidar com o mundo de forma racional, com base no conhecimento e no acesso às informações. Representam o domínio incontestável das instituições acadêmicas e desempenham papel fundamental no desenvolvimento e na promoção da *expertise* técnica, além de terem um lugar importante na educação executiva. Contudo, restringir a noção da aprendizagem à sua dimensão cognitiva a separa da realidade em que toda a aprendizagem é aplicada: o contexto social e político.

Aprendizagem emocional: Essa dimensão da aprendizagem lida com a capacidade de desenvolver uma profunda compreensão de si mesmo. A aprendizagem emocional tem relação com o crescimento pessoal. Ela inclui *insights* sobre pontos fortes e fracos, sobre a dinâmica da personalidade de uma pessoa, a capacidade de lidar com as emoções de modo consciente e construtivo e a capacidade de refletir sobre a adequação dos padrões internalizados. O objetivo geral da aprendizagem emocional é desenvolver a integridade, a autenticidade e uma identidade forte que seja flexível e estável ao mesmo tempo. Adquirimos esse tipo de capacidade de um modo muito diferente. *Insights* sobre as características pessoais e a capacidade de lidar com elas de forma construtiva não podem ser desenvolvidos por meio da transferência do conhecimento e da capacidade analítica. Atingimos o crescimento pessoal e uma identidade estável por meio da reflexão, com amigos de confiança que nos dão *feedback* sincero, com a ajuda de *coaches* pessoais ou até de psicoterapeutas. Não há um método objetivo para mensurar a aprendizagem emocional; no entanto, podemos utilizar o *feedback* subjetivo e a avaliação de nosso ambiente social, porque a identidade se desenvolve e se constitui apenas na interação com os outros. Isso nos leva à próxima dimensão da aprendizagem.

A aprendizagem social: a aprendizagem social lida com a capacidade de interagir com sucesso dentro do contexto social imediato da pessoa, em contato direto com os outros. Uma interação bem-sucedida implica avaliar as próprias premissas e convicções, colocando-se na pele dos outros e analisando o mundo através de variadas lentes. Também requer sensibilidade a processos sociais e a capacidade de agir com eficácia neles, com um entendimento de como as ações da pessoa afetam a dinâmica da rede de relacionamento da qual faz parte. Essa dimensão da aprendizagem deve ocorrer, por definição, em um contexto social; sua arena é o microcosmo de relacionamentos que podemos influenciar diretamente. Ela não segue a lógica da transferência de conhecimento, mas a lógica do diálogo interativo. Essa dimensão não lida com o domínio da racionalidade, mas com o domínio da influência mútua. As dimensões da aprendizagem social e emocional são estreitamente relacionadas; quanto mais uma pessoa se baseia em sua identidade, mais flexibilidade pode ter em situações sociais. E as situações sociais são o contexto no qual a identidade é continuamente redefinida.

Apesar de as dimensões da aprendizagem emocional e social não receberem uma representação à altura no mundo tradicional da aprendizagem acadêmica, são amplamente consideradas no mundo corporativo da aprendizagem. É sabido que a liderança e a colaboração requerem essencialmente competências emocionais e sociais, e uma gama de profissionais especializados oferece *coaching*, desenvolvimento pessoal e de equipes, treinamento experiencial, experiências fora da empresa visando colocar as pessoas em contato com seu eu profundo, entre outros serviços. Exceto em instituições acadêmicas de aprendizagem, a área é praticamente descontrolada e altamente fragmentada, especialmente devido à dificuldade de avaliar a capacitação e os resultados. Mas isso não reduz a importância dessas dimensões.

Tecnologias de apoio à gestão do conhecimento O papel principal da tecnologia da informação na gestão do conhecimento consiste em ampliar o alcance e acelerar a velocidade de transferência do conhecimento. As ferramentas de gestão do conhecimento pretendem auxiliar no processo de captura e estruturação do conhecimento de grupos de indivíduos, disponibilizando esse conhecimento em uma base compartilhada por toda a organização. (CARVALHO, 2003, p. 40).

A tecnologia desempenha papel essencial na Era do Conhecimento, consistindo na adoção de ferramentas e métodos que objetivam facilitar a captação, a estruturação e a disseminação do conhecimento anteriormente desestruturado e disperso na organização ou restrito a poucas pessoas por meio de manuais e normas complexos, tendo em vista a sua utilização de forma estratégica e racional por todos os colaboradores.

A tecnologia pode armazenar e disponibilizar alguns conhecimentos, tornando-se, assim, uma ferramenta de apoio muito importante na Gestão do Conhecimento.

As redes de computadores, e por excelência, a Internet, são um recurso bastante poderoso e que se apresenta não apenas como suporte tecnológico, mas também como uma verdadeira forma de organização, que altera as práticas de comunicação entre os atores e a maneira como a informação e o conhecimento transitam dentro da organização e entre organizações distintas.

As pessoas são fundamentais para dar sentido à transformação do conhecimento e mencionam a importância das redes de comunicações que além do potencial para modificar a forma como o conhecimento percorre a organização, mas também de transformar a ação organizacional, porque diminuem as barreiras do tempo e da distância. Eles apresentam como as tecnologias apoiam a Gestão do Conhecimento em cinco categorias: armazenagem de conhecimento, intercâmbio de dados, distribuição de informações, colaboração e criação de conhecimento.

A tecnologia tem feito essa mediação e sem ela a diversidade de informação e conhecimento não poderiam ser adquiridos e ou processados'. O homem e sua participação fundamental na criação do conhecimento faz ressaltar que, apesar de todo o aporte tecnológico e do desenvolvimento de novas técnicas, processos, hardwares e softwares, é ele e suas habilidades intelectuais que definem a conquista de vantagem competitiva para as organizações.

A aplicação pura e simples da tecnologia pode não surtir os efeitos desejados, dado que há uma série de relações e interações que propicia o desenvolvimento e a captação desse conhecimento.

Considerando que a tecnologia não cria o conhecimento e também não há garantias que ele seja compartilhado adequadamente, além dos riscos na utilização da Internet com vírus e *malwares*, que infectam sistemas, danificam ou roubam informações. Isso sem se aprofundar no fato de que o tipo de conhecimento disponibilizado pode não ser verídico.

A inovação ocorre nas organizações, em todos os níveis, afirma que: O problema é que poucas empresas sabem aprender com essas inovações locais e como utilizá-las para melhorar a eficácia geral.

Considerando que a gestão moderna sofre mudanças tecnológicas e sociais, e da premissa que as pessoas sempre tiveram preferências distintas em suas abordagens para a solução de problemas, surge um questionamento sobre a crescente preocupação com essas diferenças, a demanda de hoje e a complexidade dos produtos atuais exigem pessoas que desenvolvam urgentemente a capacidade de trabalharem juntas, visto que, naturalmente, as pessoas podem não compreender umas às outras.

Para que o conhecimento não se perca, é indispensável hoje em dia construir redes de comunicação a distância entre especialistas que processam demandas automatizadas provenientes de consumidores e dos clientes.

Esse é um viés inspirado numa visão americana, e baseia-se em um uso sistemático das tecnologias da informação e a inteligência artificial e tange mais o explícito do que ao tácito.

Todavia, sabemos que os erros se repetem, mas não as decisões inteligentes. Ainda mais importante, as velhas maneiras de pensar que redundaram nos erros nunca são discutidas, ou seja, geralmente continuam atuantes e em condições de disseminar repetidamente novos erros os autores acreditam que as pessoas geralmente compreendem o que deu errado, contudo são visões limitadas e fragmentadas, então se for possível juntar cada peça para integralizar todas as perspectivas dos envolvidos, talvez a organização como um topo aprendesse com o ocorrido.

No futuro, as organizações não modelarão suas formas de trabalho para que se encaixem nos limites estreitos de uma tecnologia inflexível. Ao contrário, começarão a desenvolver sistemas de informação para apoiar a maneira como as pessoas de fato trabalham.

6. CULTURA ORGANIZACIONAL

Para Becker (1982), cultura organizacional "refere-se a um sistema de significados partilhados mantido por seus membros que distingue a organização de outras organizações". Já Srour (1998, p. 174) trata sobre cultura organizacional expressando: "A cultura é aprendida, transmitida e partilhada. Não decorre de uma herança biológica ou genética, porém resulta de uma aprendizagem. A cultura organizacional exprime então a identidade da organização. É construída ao longo do tempo e serve de chave para distinguir diferentes coletividades".

Segundo Daft (1999, p. 244), a cultura de uma organização "geralmente começa com um fundador ou um líder pioneiro que articula e implanta ideias e valores particulares como uma filosofia ou uma estratégia comercial".

A cultura organizacional é definida por Fleury e Sampaio (2002, p. 27) como:

[...] um conjunto de valores, expressos em elementos simbólicos e em práticas organizacionais, que em sua capacidade de ordenar, atribuir significações, construírem a identidade organizacional, tanto agem como elementos de comunicação e consenso como expressam e instrumentalizam relações de dominação.

A cultura corporativa é um conjunto de regras, tácitas e/ou explícitas, que condiciona as atitudes de todos aqueles que a compõem e interagem com ela. Já a cultura de inovação, para o mesmo autor, é um conjunto de práticas e valores compartilhados que favorecem atitudes inovadoras por parte de pessoas e organizações. Ela tem duas dimensões: a interna que diz respeito à própria organização, e a externa, que se refere ao setor e à sociedade.

6.1 ABORDAGEM DA CULTURA ORGANIZACIONAL

As organizações inovadoras são aquelas que possuem inovação em seu resultado final, assim como, elementos que formam uma cultura que propicia e incentiva o desenvolvimento destas inovações.

A transmissão da cultura organizacional se dá sob várias formas, entre elas: as cerimônias, os ritos, os rituais, as histórias, os mitos, os heróis, os símbolos e a linguagem.

As cerimônias são aqueles eventos que reúnem os membros da organização para reverenciar funcionários que se destacaram com um bem-sucedido desempenho e que contribuíram, assim, para disseminar os valores pertencentes à cultura os quais creem serem verdadeiros.

Os rituais são ações repetidas em forma de cerimônias que reforçam os valores e as normas que são fundamentais para aquela organização. Essas cerimônias aparecem em formas de ritos de passagem, de acolhimento e/ou integração, de exclusão e de reforço.

As histórias são narrativas de acontecimentos ocorridos no passado da organização, as quais estão presentes na memória dos funcionários que vivenciaram esses fatos, narrados com emoção. São lembranças das dificuldades do início de um negócio e dos desafios enfrentados para superá-las.

Os mitos são histórias imaginárias que servem para explicar acontecimentos que podem possuir um fundo de verdade. No entanto, sabemos que todo mito é romanceado. Por meio dele, explicam-se atividades realizadas pelas organizações ou ações a serem tomadas por elas, as quais, de outro modo, seriam de difícil entendimento.

Os heróis são aqueles funcionários que estão impregnados dos valores e que servem como modelo e exemplo para os demais funcionários.

Os símbolos são objetos, logomarcas, bandeiras, bottons, veículos, vagas destacadas no estacionamento, escritório com decoração diferenciada e, muitas vezes, ostensiva. Existem nas organizações para apontar o status ou o poder hierárquico. Em suma, símbolos são objetos, ações ou eventos que representam significados especiais.

A linguagem é decorrente da especificidade da produção da empresa e do segmento no qual ela está inserida e tem por finalidade aproximá-las pessoas que dela fazem parte, podendo ser de difícil entendimento para quem não pertence àquela cultura.

Robbins (1999, p. 374), menciona sete características básicas que, em conjunto, fazem com que apreendamos a cultura das organizações:

1. Inovação e tomada de risco: o grau em que os funcionários são estimulados a inovar e a tomar decisões que envolvam riscos.

2. Atenção a detalhes: o grau em que se cobra dos funcionários atenção aos detalhes e que demonstrem precisão e análise.

3. Orientação para resultados: o grau em que a empresa foca mais nos resultados do que nos meios para atingi-los, como técnicas, processos e métodos.

4. Orientação para pessoas: o grau em que a organização considera o quanto suas decisões afetam as pessoas que nela trabalham.

5. Orientação para equipes: o grau em que a organização planeja ou organiza suas atividades, se estas estão mais voltadas para as equipes ou para os indivíduos.

6. Agressividade: o grau em que a organização estimula que seus funcionários se enxerguem como concorrentes ao invés de competitivos; sendo assim, eles são mais agressivos do que sociáveis.

7. Estabilidade: o grau em que a organização dá ênfase à manutenção do status quo comparativamente ao crescimento.

6.2 MUDANÇA ORGANIZACIONAL

Mudança significa a transição de uma situação para outra diferente ou a passagem de um estado para outro. De acordo com o autor, mudar implica ruptura, transformação, perturbação e interrupção. Trata-se de um rompimento do estado atual de equilíbrio para substituí-lo por outro, provisório, de tensão, até que se atinja um novo patamar de equilíbrio. Toda mudança implica encontrar novos caminhos, novos enfoques e novas soluções.

A mudança pode ser rápida e repentina, assim como gradual e constante, e varia conforme sua velocidade e profundidade. Nas organizações ela é uma constante. O ambiente externo está o tempo todo lhe trazendo novas demandas: por exemplo, clientes mudam preferências e hábitos de consumo; fornecedores modificam características de matérias-primas, bem como aspectos das relações contratuais; concorrentes criam inovações de produto ou processo e assumem uma estratégia diferente perante o mercado; governos e agências reguladoras alteram regras e leis que impactam o negócio ela empresa.

Todas essas mudanças exigem que as organizações, isto é, as pessoas ali organizadas, adquiram novos conhecimentos e habilidades para desenvolver novas estratégias e melhorar processos, produtos e serviços. Devemos considerar também que, uma vez realizada a mudança, o processo não se encerra, pois outras novas mudanças, ameaças ou oportunidades fazem com que as organizações estejam constantemente se reinventando.

Para que a mudança ocorra de maneira efetiva nas organizações, o primeiro passo é transformar a mentalidade das pessoas, criando o ambiente psicológico adequado para a mudança, de forma que aprendam a constantemente aprender, mudar e inovar.

Um modelo teórico pioneiro e que está entre os mais disseminados na área de comportamento organizacional foi proposto por Kurt Lewin segundo o qual o processo de mudança é composto por três etapas: descongelamento, mudança e recongelamento.

A etapa de descongelamento corresponde ao surgimento da necessidade de mudança, a qual faz com que a pessoa, o grupo ou a organização entendam e aceitem que o estado atual das coisas não pode ser mantido.

A etapa de mudança em si refere-se ao momento ele tensão em que comportamentos e formas de agir provisórios começam a ser implementados; a conduta anteriormente usual já não é a mesma, porém novas atitudes, valores, comportamentos e posturas ainda estão sendo tentados. Os testes significam que haverá tentativas, acertos e erros. À medida que a pessoa, o grupo ou a organização forem percebendo os comportamentos mais efetivos na nova situação, estes passarão a se fixar novamente; porém, nesse novo modo de agir, inicia-se a terceira etapa, a de recongelamento.

A etapa de recongelamento consiste na incorporação da nova forma de agir pelos colaboradores, e o novo comportamento vira a norma, isto é, a forma como deve ser a postura. Mecanismos de incentivo e reforço da nova conduta são estabelecidos.

É importante lembrarmos que, como a mudança é constante, a nova situação que foi recongelada pode ser descongelada a qualquer momento para uma nova transformação.

Todo processo de mudança é caracterizado por forças que a incentivam e outras que atuam contra; o novo estado ele equilíbrio resultará da luta entre elas. No processo de gerenciamento da mudança, é preciso que se busque neutralizar as forças que opõem resistência a ela e incentivar as que a favorecem.

6.3 CULTURA DE INOVAÇÃO

Conforme explica Schein (2009), cultura interna é o nome dado aos padrões de comportamento explícitos ou implícitos desenvolvidos ao longo do tempo, que se constituem como identidade da empresa e se impõem a todos que nela trabalham. Os elementos básicos que constituem a cultura organizacional são:

» Padrões de linguagem, tratamento e formação de grupos, que se revelam durante a interação entre as pessoas e comportamentos.

» Normas que regem o grupo de trabalho.

» Valores que regem a organização, tais como confiança e responsabilidade.

» A filosofia que embasa as políticas organizacionais relativas a funcionários, clientes, acionistas etc.

» O clima organizacional e a percepção que todos têm do ambiente físico e psicológico em que trabalham.

Os padrões culturais de uma organização podem dificultar o processo de aprendizagem e mudança na organização. A tendência natural das organizações está no sentido da preservação de padrões culturais. A definição, na maior parte das vezes, é resultado da aprendizagem do grupo em enfrentar problemas, sejam eles de interação interna ou externa.

Cada organização possui uma cultura organizacional distinta, por isso organizações que empreendem projetos cooperados precisam levar em consideração a forma com que cada um dos parceiros atribui valor às suas atividades, qual missão, visão e propósito do negócio.

O contexto setorial e social influenciam na capacidade da empresa ser inovadora. Fatores externos, tais como oferta de profissionais qualificados, sistema de proteção intelectual, acesso a banco de dados e informações, facilidades na transferência de tecnologia são aspectos da cultura externa de inovação, e que impactam diretamente sobre a capacidade da empresa em desenvolver uma cultura interna de inovação. A junção desses elementos constitui o Sistema de Inovação (SI).

Um dos principais entraves, no Brasil, para a consolidação do Sistema Nacional de Inovação é a falta de articulação entre universidades e setor produtivo. Os cientistas e engenheiros, em sua maioria, estão nas universidades, dando aulas ou atuando nos centros de pesquisa.

A desconfiança mútua entre universidade e empresa cria um distanciamento ainda maior entre esses dois atores. A universidade tem medo de transformar o conhecimento em mera mercadoria e perder sua autonomia ao atender a interesses privados. Enquanto que as empresas veem o meio acadêmico como uma esfera inacessível e distante do mundo prático.

Stal e Fujino (2005) realizaram uma pesquisa com empresários, focando em suas experiências e expectativas de cooperação com a universidade, seja no desenvolvimento de novas parcerias, ou no aperfeiçoamento das relações. No âmbito das universidades, entre as sugestões para as melhorias da cooperação foram citados:

» Empenho na mudança de cultura organizacional, para facilitar o processo de assimilação, pelos pesquisadores, de fatores fundamentais para a empresa, tais como prazo e transparência no uso dos recursos;

» Aumento do peso atribuído, nos critérios de avaliação dos cursos e do currículo dos docentes, ao envolvimento em atividades de interação com empresas;

» Atuação proativa da universidade nos contatos com os potenciais clientes de suas pesquisas.

Para Giget (1997), o desenvolvimento da inovação ocorre ao longo do eixo que compreende as funções de Pesquisa e Desenvolvimento e as funções de Marketing. Assim, tem-se a inovação como resultado de dois fluxos: o *technical push* e o *market pull*.

O *technical push* começa pela Pesquisa e Desenvolvimento, passa pela Produção e termina no Marketing. Danilevicz (2006) descreve que, na década de 50, esse modelo era entendido como uma contribuição exclusiva da exploração da ciência. As inovações em produtos eram vistas como resultantes do esforço proativo da área de Pesquisa e Desenvolvimento.

O fluxo *market pull*, por outro lado, começa pelo Marketing, passa pela Produção e termina na Pesquisa e Desenvolvimento. Danilevicz (2006) complementa com a citação de que a partir da década de 60, o modelo anterior passou a ser criticado, e passaram a ocorrer novos desenvolvimentos de produtos baseados na análise do mercado, considerando as demandas do cliente e do contexto local.

Giget (1997), entretanto, defende que a combinação dos dois fluxos é essencial para a obtenção de resultados satisfatórios no processo de inovação.

Drucker (2003) acrescenta que o ambiente mercadológico apresenta o que ele chama de "forças de inovação" – mudanças e sintomas detectáveis que indicam oportunidades para o êxito de uma inovação. São elas: o acaso; a incongruência entre a realidade como ela é e como deveria ser; as modificações incrementais sugeridas pelos clientes; alterações demográficas; alterações tecnológicas; e alterações de percepção (mudanças nas necessidades dos clientes).

Os tipos de inovação Schumpeter relacionava cinco tipos de inovação: de produtos, de processos, de fontes de suprimento, de mercados e de organização. Já, na década de 60, diferenciou dois tipos principais de inovação: tecnologia de produto e tecnologia de produção, referindo-se, respectivamente, a como se criar ou se aprimorar produtos e a como fabricá-los.

A empresa de alta performance tem como meta a estruturação para aumentar o seu potencial de inovação e da força de trabalho, a forma utilizada é o desenvolvimento das pessoas com técnicas educativas em forma de vivência, em que são aplicados inúmeros métodos e técnicas nos quais se desenvolvem a criatividade e a inovação do colaborador da empresa e de toda a equipe de trabalho, essas técnicas facilitam o aprendizado e cada indivíduo aprende como gerar conhecimentos organizacionais, ou melhor, gerar conhecimentos que agregam valor à empresa.

A empresa de alta performance deve ter em seu quadro gestores com características que gostam da inovação, que tenham como objetivo de vida inovar sempre, que saibam implantar uma gestão de inovação, só assim é possível gerar produtos e serviços inéditos, é necessário implantar na empresa uma cultura de transformação de inovação.

Frequentemente nas empresas as pessoas passam por situações em suas atividades nas quais a inovação pode ser estimulada pelo ambiente interno e pela cultura. Normalmente uma inovação bem--sucedida pode ser bem simples, do tipo "como não pensei nisso antes?". As pessoas são responsáveis por essas ideias aparentemente óbvias, ou simples, claro, depois de ter a ideia parece algo óbvio, mas as pessoas podem ser estimuladas em ambientes propícios, e também através de programas específicos. Não entendemos como ideias brilhantes puderam ficar adormecidas com equipes tão capacitadas, daí a importância das pessoas, na cultura e no ambiente. Sem as pessoas nada aconteceria.

Para Bernardi (2003), habilidades para criatividade e inovação todos possuem, mas racionalidade, os bloqueios tradicionais, os usos e costumes impedem e dificultam o desenvolvimento dessa habilidade. Habilidade criativa e inovadora está relacionada a:

» Sensibilidade a fatos, dados, tendências e a problemas;
» Flexibilidade para questionar o tradicional e as ideias preconcebidas;
» Fluência de pensamento e habilidade de relacionar, associar e idealizar;
» Originalidade.

Levando em consideração as observações acima, podemos perceber que a habilidade de criar é um processo de desenvolvimento, isto é, não é algo que pode ser racional e cartesiano, é fruto de inspiração, faz parte da educação e do desenvolvimento da pessoa, mas pode ser criado um hábito proativo entre os colaboradores que sempre que surjam problemas sejam utilizadas ideias de mais de uma pessoa, assim, cria-se um ambiente, um entorno de criatividade.

Desenvolver a criatividade é vencer barreiras, vencer a própria autolimitação, é ter uma atitude mental de não limitar. Seguem algumas sugestões para incentivar a criatividade organizacional, de acordo com Chiavenato (2004, p. 366).

1. **Desenvolva a aceitação da mudança** – As pessoas da organização devem acreditar que a mudança trará benefícios a elas e à empresa. Essa crença é incrementada quando as pessoas participam com seus gerentes na tomada de decisões e nos assuntos relacionados com as pessoas, como segurança no emprego, por exemplo, que são discutidos quando as mudanças são planejadas e implementadas. Isso remove possíveis resistências pessoais às mudanças.

2. **Encoraje novas ideias** – Os gerentes, desde o topo até os supervisores de primeira linha, devem assumir claramente, em palavras e atos, que são totalmente abertos a novas ideias e abordagens. Para incentivar a criatividade, os gerentes devem estar prontos a ouvir sugestões de seus subordinados e a implementar as boas ideias ou levá-las a seus superiores.

3. **Permita maior interação** – Pode-se promover um clima permissivo e criativo dando às pessoas a oportunidade de interagir com outros membros de seu próprio grupo de trabalho ou de outros grupos. Essa interação incentiva o intercâmbio de informações úteis, o livre fluxo de ideias e novas perspectivas na resolução dos problemas.

4. **Tolere os erros** – Muitas ideias novas podem ser inúteis ou sem qualquer praticidade. Os gerentes eficazes aceitam o fato de que tempo e recursos devem ser investidos na experimentação de novas ideias, mesmo que elas não conduzam a qualquer solução, posteriormente.

5. **Defina objetivos claros e dê liberdade para alcançá-los** – As pessoas devem ter um propósito e direção para sua criatividade. Os gerentes devem apontar linhas de orientação

e limites razoáveis, para terem algum controle sobre o volume de tempo e dinheiro investidos no comportamento criativo.

6. Ofereça reconhecimento – Pessoas criativas trabalham motivadas, mesmo em tarefas duras ou que não lhes interessam, quando são recompensadas por um trabalho benfeito. Ao oferecer reconhecimento de maneira tangível e clara, como prêmios e aumentos salariais, os gerentes precisam demonstrar que o comportamento criativo é valorizado na organização.

O importante também é lembrar que inovação não é só algo totalmente novo, mas pode ser algum detalhe desde que melhore seu uso, sua venda, seu lucro. Para Tarapanoff (2001), o processo de inovação inclui desde a geração de novas ideias até a etapa de exploração econômica. Portanto, o processo abrange atividades de criação ou geração de novas ideias, de pesquisa, de desenvolvimento, de realização de protótipo, de normalização, de produção e de comercialização.

A inovação é o processo mais importante para qualquer empresa de alto desempenho, que influi diretamente nos resultados, é um fator crítico de sucesso em um mundo competitivo.

6.4 DESENVOLVIMENTO ORGANIZACIONAL

A maioria das atividades de aprendizagem atuais em grandes organizações é conduzida em ambientes mais ou menos sofisticados que se concentram na capacitação da força de trabalho e no desenvolvimento da liderança. Essas atividades são orientadas por um compromisso real com a aprendizagem, com um grande empenho para se sobressair, mas representam uma reação insatisfatória às necessidades de empresas maiores.

Elas seguem um paradigma restrito, que, em grande parte, baseia sua composição na área de educação corporativa, com foco na qualificação individual. De acordo com esse paradigma, a aprendizagem costuma ser percebida como o domínio da função de RH, responsável pelo desenvolvimento de habilidades dos colaboradores. Com frequência, atuando à parte dos negócios e lutando por uma voz no conselho de administração, a educação corporativa é um dos elementos mais fracos no jogo de poder das práticas de negócios. Não é de se surpreender que, em épocas menos favoráveis, muitas vezes seja a primeira a sofrer cortes de orçamento.

Costuma-se acreditar que o aprendizado ocorre por meio da transferência de conhecimento ou informações de especialistas e professores a aprendizes ou alunos. Essa perspectiva não faz jus à complexidade nem às importantes implicações sociais da aprendizagem. Ela retira a aprendizagem do contexto individual e social, tratando o processo como uma interação mecanicista.

Atualmente, o sistema educacional no mundo ocidental é quase obsessivo em focar nas competências intelectuais, cognitivas e analíticas. Essa obsessão é estreitamente relacionada com o paradigma dominante da investigação científica elaborada em torno de uma explicação racional do mundo, o que resulta em uma abordagem mecanicista para lidar com ele. Apesar de a ênfase na racionalidade linear ter dominado o pensamento ocidental desde René Descartes, sabemos que o domínio cognitivo é apenas uma parte da equação e nem sempre a mais importante.

O gênio intelectual que trabalha em sigilo não tem impacto algum sobre o mundo; ele precisa agir e se "conectar" com seu ambiente. O especialista incapaz de comunicar sua *expertise* aos outros de maneira inspiradora permanece improdutivo e entediante. Até a análise mais inteligente de empresas de consultoria é irrelevante se não for colocada em prática em uma complexa rede de dinâmicas de poder corporativas. Em outras palavras, não basta ser inteligente. Criar impacto em nosso ambiente requer competências emocionais, sociais e políticas que nos permitem fazer as coisas acontecerem em um contexto de interesses conflitantes.

Além disso, agir cegamente por interesse próprio, sem um profundo conhecimento da interconexão dos sistemas e das consequências de longo prazo das ações, prejudica o equilíbrio dos sistemas e acaba sendo destrutivo. Para assegurar nossa sobrevivência no longo prazo, precisamos colocar o conhecimento e sua aplicação no contexto da responsabilidade moral e dos padrões éticos universais. Para compreender melhor essas várias dimensões que devem ser abordadas pela aprendizagem como uma prática essencial para assegurar a capacidade de uma organização de competir em ambientes complexos e altamente dinâmicos: excelência de pessoas, excelência organizacional e excelência estratégica.

Todos concordamos que não é possível haver uma excelente organização sem excelentes colaboradores, mas nem as melhores pessoas podem atingir o próprio potencial se forem restritas por culturas e estruturas organizacionais ineficientes. A excelência de pessoas e a excelência organizacional são dois lados de uma moeda que precisam ser abordados juntos para serem concretizados. Mas até mesmo excelentes organizações com excelentes colaboradores estão fadadas ao fracasso caso se acomodem com os sucessos anteriores. E nesse ponto que a excelência estratégica entra em ação – a capacidade de questionar continuamente as regras do jogo, transcender modelos de negócios existentes e administrar a rede de *stakeholders* de forma a alavancar as competências essenciais da empresa.

Uma das ideias mais restritivas da aprendizagem começa com a premissa de que as informações e o conhecimento independem do contexto e podem ser transmitidos de forma mecanicista do professor ao aluno. Depois, mensuramos a eficácia da transferência por meio de testes e comparamos o conhecimento do aluno antes e depois da intervenção de aprendizagem para avaliar o que foi aprendido. Nesse modelo, o aprendizado eficaz é definido por criar o mínimo possível de perda de informações. Essa visão mecanicista vê o aluno como um receptáculo passivo no qual o professor insere conteúdo. Esse modelo não leva em consideração o repertório específico do aluno nem o contexto da situação de aprendizagem.

No entanto, a aprendizagem por natureza é completamente dependente do contexto. O aluno não só traz o próprio repertório, como a essência da aprendizagem ocorre por meio do contexto social da própria situação de aprendizagem.

A aprendizagem depende do contexto, exceto quando ainda somos bebês, a aprendizagem nunca ocorre em uma tábula rasa. A aprendizagem sempre ocorre em um contexto: podemos aprender lendo um livro, ouvindo uma palestra, fazendo uma busca na Internet ou conversando com amigos. Independentemente da "verdadeira" realidade, sempre vemos o mundo por um filtro cognitivo e emocional influenciado por nossas experiências prévias. Precisamos desses modelos mentais e estruturas conceituais para compreendê-lo.

Quando "aprendemos", vinculamos novas informações com as que já temos e interpretamos esse *input* com base em nossa própria história, que é nosso repertório pessoal. Não existe objetividade no mundo da comunicação humana: qualquer coisa que aprendemos é sempre parcial e subjetiva de acordo com o contexto específico no qual pensamos e vivemos.

A aprendizagem relevante ocorre em contato com as diferenças, a aprendizagem relevante ocorre por meio do nosso contato diário com o mundo, por meio de nossas experiências e de nossas interações com as pessoas. Como as pessoas sempre trazem consigo seus históricos pessoais, cada encontro é necessariamente uma reunião de diferentes mentalidades e interpretações do mundo. O contato com pontos de vista ou situações novas abala os modelos mentais e emocionais que nos ajudam a estruturar o sentido do mundo. Eles são uma ameaça ao velho e conhecido e, dessa forma, nos incomodamos com eles.

As diferenças de perspectiva não precisam ser suprimidas; pelo contrário, se todos nós soubéssemos as mesmas coisas, pensássemos e nos sentíssemos da mesma maneira e tivéssemos os mesmos interesses, nenhum aprendizado e desenvolvimento poderiam ocorrer. Contudo, tendemos a negar as diferenças ou "solucioná-las" por meio do poder unilateral. Apesar de ser uma atitude necessária para agir com eficácia no nosso trabalho diário, isso destrói o potencial de aprendizagem existente naquilo que nos incomoda.

A arte de projetar excelentes contextos de aprendizagem se fundamenta na otimização do nível de diferença e de incômodo. Se não houver nada de novo na experiência, haverá muito pouco a ser aprendido. Mas o mesmo ocorre se houver diferença demais se você ensinar o conteúdo do ensino médio a um aluno do ensino fundamental, até o mais inteligente deles será incapaz de aprender. A criação de "espaços projetados de incômodo" reside no centro da prática da aprendizagem, independentemente de o espaço ser uma sala de aula, uma organização ou um processo de negócios.

A aprendizagem cria um contexto social, quando duas pessoas com pontos de vista diferentes se encontram, ambas vão aprender se permitirem que as diferenças renovem sua visão de realidade. Mas elas aprendem não apenas como indivíduos. O processo de negociar diferentes visões de mundo também cria uma experiência em comum e constitui um relacionamento social entre as partes. Em outras palavras, uma aprendizagem significativa cria um contexto social que vincula os participantes de uma nova maneira. Excelentes desenhos instrucionais levam em consideração o poder desse processo e tratam a criação de redes de relacionamento, que ocorre por meio da integração de diferentes perspectivas, como uma meta às vezes mais importante do que o conteúdo da aprendizagem tópica.

Estruturar a aprendizagem como uma mera transferência de conhecimento, em que o especialista fala e o público ouve, desperdiça grande parte do rico potencial do processo interativo. Uma noção restritiva da aprendizagem que se baseia principalmente em uma transferência de mão única do conhecimento pode ter seu papel no âmbito limitado do treinamento de habilidades e da aprendizagem baseada em fatos. Mas, para explorar plenamente a natureza do processo, a relação entre professor e aluno precisa se transformar em um diálogo entre iguais que contribuem com diferentes perspectivas, considerando o conhecimento do "aluno" uma contribuição tão importante ao processo de aprendizagem quanto o conhecimento do "especialista". Para criar o verdadeiro aprendizado, o "professor" deve ser mais um facilitador de descobertas e ideias em meio a várias experiências do que o único provedor de conhecimento preestabelecido.

O papel das fronteiras para demarcar o contexto, a variedade de pontos de vista nem sempre leva ao aprendizado e ao desenvolvimento de um contexto social produtivo – na verdade, pode até levar ao oposto. Podemos ver isso no nível individual, quando uma pessoa tem dificuldade para se livrar de um preconceito e de determinada forma de pensar. E ainda mais difícil quando lidamos com sistemas mais amplos, cujos "modelos de referência" estão engessados em estruturas organizacionais, rotinas e no modo como a empresa atua. Os sistemas têm a tendência natural de fechar suas fronteiras para preservar a identidade. Eles veem "os outros" como uma ameaça a seus interesses e, naturalmente, resistem em pôr em xeque os modelos já estabelecidos.

Mas delimitações entre pessoas, departamentos ou empresas constituem o próprio espaço no qual a aprendizagem ocorre. Elas constituem o local em que a diferença é consolidada. Para vivenciar a diferença, devemos cruzar, ou pelos menos testar, essas fronteiras. Trata-se de um ato delicado. Manter as fronteiras fechadas como uma ostra cria silos desconectados com a realidade. Por outro lado, abolir as fronteiras reduz a diferença e, dessa forma, destrói as identidades singulares dos participantes. As fronteiras devem ser semipermeáveis para permitir uma inter-relação produtiva entre os vários conjuntos de conhecimento e modelos mentais comuns. O design inteligente das fronteiras constitui uma das tarefas mais delicadas e importantes de uma arquitetura de aprendizagem.

Essa tarefa passa a ser ainda mais crítica à luz da nova dinâmica, que surge do movimento em direção a organizações em rede e da perda do controle direto resultante disso. As redes forçam as empresas a colaborar por meio de fronteiras quando seus processos, antes dominados, passam a fazer parte de um processo distribuído de criação colaborativa. Toda empresa que tenha elementos externos à sua cadeia, que no passado eram de sua propriedade, sabe como é crucial projetar cuidadosamente a nova interface – a nova fronteira. As organizações que se destacarem na criação de arquiteturas inteligentes de sistemas integrados de aprendizagem se tornarão líderes confiáveis em sua rede de relacionamentos e criarão importante vantagem estratégica.

Os elementos que constituem o processo de aprendizagem demonstra a importância das intervenções que contextualizem a aprendizagem. Em termos mais simples, a aprendizagem só é eficaz se for incorporada |à prática. O ambiente tradicional de sala de aula é artificial e pobre em termos de contexto. Ele deixa para o aluno a tarefa de contextualizar o que aprendeu quando estiver "em casa" – uma discussão conhecida da transferência do aprendizado. Pela própria natureza, as empresas são extremamente ricas em termos de contexto, mas ainda conduzimos muitas atividades de aprendizagem organizacional longe da vida prática.

7. MOTIVAÇÃO

Motivação, tal qual a emoção, provém de um mesmo verbo latino *"movere"*, que significa mover-se. Ambas indicam um estado de despertar do organismo. Convencionalmente, tem-se denominado de emocionais os estados intensos e imediatos do despertar, e motivacionais os estados emocionais mais prolongados e dirigidos.

Motivo ou motivação refere-se a um estado interno que resulta de uma necessidade e que ativa ou desperta um comportamento usualmente dirigido ao cumprimento da necessidade ativante.

A motivação é algo que não se pode observar diretamente, inferimos a existência de motivação observando o comportamento. Um comportamento motivado se caracteriza pela energia relativamente forte nele dispensada e por estar dirigido para um objetivo ou uma meta.

As emoções permeiam toda a vida humana, quer em casa, na rua ou nos escritórios. As emoções são fenômenos humanos tão importantes que são estudados por quase todas as ciências. Sejam elas sociais ou não.

A emoção não é um conceito que se possa definir com precisão. Refere-se a estados como alegria, amor, orgulho, divertimento, que agradam ao indivíduo.

Como, também, raiva, ciúme e medo, estados que o sujeito tenta eliminar, atacando suas causas; e, finalmente, aflição, vergonha e depressão, estados desagradáveis que não podem ser eliminados pelo comportamento do indivíduo.

A emoção tanto pode ser construtiva como destrutiva; tanto fortalecedora como debilitadora.

Todos estes estados possuem pontos em comum. Todos eles constituem estados de motivação e vigilância. Esses estados (que por sua vez geram comportamentos) produzem emoções que podem afetar gravemente os processos que controlam a conduta organizada.

Portanto, a emoção está diretamente relacionada com a vigilância. A emoção, ou vigilância, é motivadora se até o ponto em que atividades conflitantes do córtex comecem a interferir, evitando o domínio de uma atividade que possa produzir uma série de respostas organizadas à situação.

Porém, a emoção não pode ser, simplesmente, identificada com a vigilância, pois os processos de pensamento desempenham um papel importante em qualquer emoção. O medo pode ser definido como vigilância acompanhada por processos mediadores, que implicam a ideia de lesão, e que tendem a produzir afastamento e fuga.

Não se pode omitir, em nenhuma definição da emoção, referências à atividade cortical que identifica qualquer tipo de emoção, bem como as emoções que têm componentes subjetivos, fisiológicos e comportamentais, dos quais os seres humanos tendem a estar conscientes.

Os psicólogos avaliam as emoções humanas examinando um ou mais componentes: o elemento subjetivo (cognições, sensações), comportamento e/ou fisiologia. Os estudos de outros animais limitam-se à medida dos elementos comportamentais fisiológicos.

As emoções não estão apenas misturadas umas às outras; elas também estão ligadas aos motivos, a partir do nascimento. O atendimento de uma necessidade, digamos fome, muitas vezes associa-se a sentimentos específicos (felicidade e prazer, por exemplo). As emoções geram motivos e comportamento.

A raiva, por exemplo, é acompanhada muitas vezes por um desejo de ferir.

7.1 DEFININDO MOTIVAÇÃO

A motivação é um elemento importante do comportamento humano, porém não é único. Somam-se à motivação outras características do comportamento humano, tais como percepção, personalidade, atitudes e aprendizado. A somatória desses fatores compõe uma identidade psicológica que contribui para o nível de comprometimento dos funcionários.

É importante ressaltar que estar motivado não é o mesmo que experimentar momentos de alegria, entusiasmo, bem-estar ou euforia. Esses estados podem, até certo ponto, ser considerados efeitos posteriores do processo motivacional, mas nada explicam sobre sua origem nem sobre o caminho percorrido até que sejam alcançados (Bergamini, 2003).

A motivação no trabalho "manifesta-se pela orientação do empregado para realizar com presteza e precisão as suas tarefas e persistir na sua execução até conseguir o resultado previsto ou o esperado. Geralmente, salientam-se três componentes na motivação: o impulso, a direção e a persistência do comportamento.

Logo, a motivação para o trabalho é um composto que envolve não somente os indivíduos e suas motivações individuais, como também o trabalho desenvolvido e a organização em que se trabalha, com suas regras e seu clima organizacional próprio, como afirma (Bergamini, 2003).

Segundo Bergamini (2003), a motivação é "um tipo de ação que vem dos próprios indivíduos [...] de uma fonte autônoma de energia cuja origem se situa no mundo interior de cada um, e que não responde a qualquer tipo de controle do mundo exterior". Para a autora, as pessoas são automotivadas; assim, o papel do líder é apenas despertar a motivação latente do indivíduo (aquela que os indivíduos já trazem dentro de si).

Nem sempre as pessoas estão conscientes de suas necessidades e de seus desejos. Ainda, é interessante observar, por exemplo, que a mesma pessoa que está envolvida com a organização daquela festa-surpresa de aniversário para o amigo é a que está desinteressada por atividades referentes ao seu dia a dia profissional.

De acordo com Gondim e Silva (2004), para que se possa alcançar alto desempenho no trabalho, é ideal haver disposição por parte dos funcionários. Há quatro principais fatores que medeiam (influenciam e interferem) a relação entre a motivação e o desempenho (produtividade):

1. O significado do trabalho para quem o realiza;

2. O sistema de recompensas e punições vigente;

3. O estilo gerencial e a qualidade do ambiente de trabalho; e

4. A convergência entre os valores pessoais e organizacionais.

O significado do trabalho pode ser percebido por meio de cinco dimensões:

1. Quando percebemos que nossa atividade exige de nós variedade de habilidades e aptidões;

2. Quando nos identificamos com a atividade;

3. Quando conseguimos perceber a importância da atividade que desempenhamos e seu propósito de contribuição para o resultado final do trabalho;

4. Quando temos liberdade de tomada de decisão, tanto no planejamento quanto na execução de nossas atividades; e

5. Quando recebemos *feedbacks* de nosso desempenho (Godim; Silva; 2004).

7.2 TEORIAS SOBRE A MOTIVAÇÃO

A teoria sobre motivação mais conhecida é, provavelmente, a teoria da hierarquia das necessidades, criada em 1943 por Abraham Maslow. Para Maslow, nossas motivações seguem uma ordem: quando um grupo de necessidades é atingido, em menor ou maior grau, tendemos a passar para o próximo, em uma busca incessante. Para o autor, dentro de cada ser humano existe uma hierarquia de cinco categorias de necessidades: fisiológicas (comida, roupa, conforto físico, água, sexo, abrigo e outras necessidades orgânicas); segurança (proteção contra as ameaças naturais, segurança contra a ameaça de perda de emprego); social (amizade, afeto, interação social); estima (independência, realização, liberdade, status e reconhecimento) e autorrealização (conscientização do próprio potencial, autodesenvolvimento e realização pessoal).

As necessidades mais básicas do ser humano são as necessidades fisiológicas, tais como alimentos, água, oxigênio, sono e proteção, pois impactam o organismo diretamente. Quando você está com fome, por exemplo, é pouco provável que consiga raciocinar ou tomar alguma grande decisão, pois o nível de concentração estará muito baixo, dominado pela fome.

À medida que as necessidades mais básicas são satisfeitas, as necessidades de se sentir protegido, livre de perigos e seguro se manifestam. Uma vez que estejam razoavelmente satisfeitas as necessidades fisiológicas e de segurança, surgem as necessidades de amor, afeição e participação. A pessoa passa a desejar companheiros, amigos, filhos; passa a desejar amar e ser amada. Assim, despertam as necessidades sociais, tais como afeição, aceitação, amizade e pertencimento a um grupo.

Finalmente, depois de atendidas essas necessidades, surgem as de estima, que estão ligadas à nossa necessidade de autoestima, respeito e valorização por parte de outras pessoas com relação a nós. A satisfação dessas necessidades conduz a sentimentos de autoconfiança, valor, força, capacidade e utilidade. A frustração dessas necessidades, entretanto, produz sentimentos de inferioridade, fraqueza e desamparo.

Busca-se a autorrealização de objetivos e ideais de vida, almejam-se novas conquistas (a compra de um imóvel, de um carro etc.), o crescimento pessoal e profissional (promoção no trabalho) e o autodesenvolvimento (equilíbrio interior, paz etc.).

Em 1960, Douglas McGregor propôs duas visões distintas e antagônicas do ser humano: uma negativa, chamada por ele de teoria X, e outra positiva, conhecida por teoria Y. Essas duas visões foram baseadas nas observações que McGregor fez do comportamento dos executivos. Para eles, os funcionários são categorizados como pertencentes ao grupo X ou ao Y.

Segundo Robbins (2005), sob a teoria X, as quatro premissas dos executivos são:

1. Os funcionários não gostam de trabalhar, são indolentes e preguiçosos por natureza: tendem a evitar o trabalho ou trabalhar o mínimo possível apenas com vistas a obter recompensas salariais e materiais.

2. Por não gostarem de trabalhar, precisam ser sempre cobrados, coagidos e ameaçados de punições para que atinjam as metas.

3. Os funcionários evitam responsabilidades, preferem e precisam ser dirigidos e controlados.

4. Evitam as mudanças, não têm ambição e procuram segurança, para evitar riscos que os coloquem em perigo.

Essas concepções e premissas refletem, nas empresas, um estilo de gestão, duro, rígido e autocrático, no qual os funcionários são vistos como meros recursos ou meios de produção. Nesse estilo de gestão, as empresas tendem a dirigir seus esforços no sentido de modificar o comportamento dos funcionários, para que eles atendam e se adaptem aos seus objetivos e necessidades. Ainda, essa gestão acredita que somente a remuneração salarial – os incentivos econômicos – são suficientes para motivar os funcionários (Chiavenato, 2003).

Em meados dos anos 1950, o psicólogo Frederick Herzberg começou a trabalhar na construção da teoria dos dois fatores (conhecida também como teoria da higiene-motivação).

Como resultado das entrevistas de Herzberg, ele descobriu que algumas características tendiam a se relacionar com a satisfação no trabalho e outras com a insatisfação.

Herzberg observou que alguns fatores estavam ligados mais ao ambiente externo ao indivíduo, ou seja, seriam motivações extrínsecas, as quais incluem a amizade com superiores e colegas, as condições físicas no ambiente de trabalho, a recompensa salarial e a segurança de não perder o emprego. Esses fatores foram denominados fatores higiênicos.

Os fatores que efetivamente motivavam os indivíduos e os levavam à satisfação eram relacionados ao próprio indivíduo e ao tipo de trabalho desenvolvido, ou seja, seriam motivações intrínsecas, tais como a realização pessoal, a responsabilidade, o trabalho em si e o reconhecimento do esforço pessoal.

Ao caracterizar a diferença entre esses dois tipos de fatores, Herzberg procurou demonstrar que não basta oferecer fatores de higiene para ter pessoas motivadas dentro das organizações. Ao atendermos esses fatores extrínsecos ao indivíduo, só estamos lhe garantindo bem-estar físico. É necessário ir além dessa instância e oferecer aos liderados as oportunidades para que cheguem aos objetivos de satisfação interior, aqueles situados no mais alto nível de prioridade para o indivíduo. (Bergamini, 2003).

Assim, para Herzberg, os dados sugeriam que a eliminação das características de insatisfação não tornaria o trabalho necessariamente satisfatório. Logo, o oposto da satisfação não seria a insatisfação, mas a não satisfação, e vice-versa. Portanto, "os executivos que procuram eliminar os fatores que geram insatisfação podem conseguir paz, mas não necessariamente a motivação dos funcionários" (Robbins, 2005, p. 135).

7.3 ABORDAGEM COMPORTAMENTAL DA MOTIVAÇÃO

A necessidade de provocar motivação e mantê-la elevada é uma preocupação para todos os dirigentes de uma organização. Para o autor, cultivar trabalhadores motivados é uma tarefa importante, porém difícil de ser realizada.

O papel do líder está vinculado com o desenvolvimento de uma comunicação assertiva e com a motivação de um grupo, time ou equipe. Não existe liderança sem motivação e é quase impossível haver motivação sem uma comunicação clara e assertiva e a motivação é o resultado da interação entre uma pessoa e determinada situação organizacional.

De acordo com Robbins (2005), a administração por objetivos trabalha com a fixação participativa de metas tangíveis, verificáveis e mensuráveis, com o propósito de motivar as pessoas e de alcançar resultados. Essas metas devem ser propostas de acordo com os objetivos da organização, de forma que os objetivos gerais sejam desdobrados em metas específicas para cada setor e para cada indivíduo.

Embora as metas sejam desdobradas com base nos objetivos gerais, de cima para baixo, a administração por objetivos apregoa que esse processo deve ser participativo, ou seja, deve contar com a participação dos envolvidos (gestor e empregado). Dessa forma, cada trabalhador contribui com o processo de desmembramento das metas, participando da fixação de suas metas de desempenho individual. Por ser um processo participativo, é importante, ao se estabelecerem metas, verificar se elas são tangíveis, verificáveis e mensuráveis. Isso significa que as metas não podem ser genéricas, é preciso ter clareza do que se quer e de onde se deve chegar. Com isso, é possível acompanhar o processo e saber se as metas estão sendo atingidas ou não, o que permite correções e ajustes quando necessário.

Segundo Robbins (2005), a teoria da fixação de objetivos demonstra que o estabelecimento de metas específicas leva a um melhor desempenho e que os *feedbacks* permitem o aprimoramento desse desempenho. Da mesma forma, Tamayo e Paschoal (2003) afirmam que as estratégias de motivação laboral são mais eficientes quando correspondem diretamente a metas do trabalhador, uma vez que a desvinculação entre metas do trabalhador e estratégias de motivação laboral pode ser fator relevante no insucesso relativo de alguns programas de motivação.

Para estimular a repetição de um comportamento que a organização considera positivo, ele deve ser recompensado com reconhecimento logo que ocorrer; assim, a pessoa buscará essa situação novamente. Por exemplo, ser elogiado por um bom atendimento prestado ao cliente tende a estimular a mesma ação para que novos elogios aconteçam. Dessa forma, o reconhecimento permite a repetição de um comporta mento desejável e promove motivação.

7.4 IMPORTÂNCIA DA MOTIVAÇÃO

Um pressuposto do comportamento organizacional é que pessoas motivadas são potencialmente mais produtivas que as desmotivadas, daí a importância de gestores e líderes de equipes entenderem o que é, como funciona e quais os fatores que influenciam o processo motivacional.

A intensidade da motivação diz respeito ao tamanho do esforço, e a persistência refere-se à dimensão temporal dele, ou seja, uma pessoa pode estar disposta a se esforçar intensamente para alcançar um objetivo, no entanto, pode ser que tente apenas uma única vez e, se não conseguir, não irá insistir; pode ser também que esteja disposta a realizar várias tentativas até atingir a meta, ainda que leve um longo período ele tempo.

Podemos dizer que o processo de motivação se inicia a partir de uma necessidade não satisfeita. As necessidades aparecem em situações nas quais vivenciamos um desequilíbrio ele ordem fisiológica (quando, por exemplo, as células de nosso corpo estão privadas de água ou alimentos) ou psicológica (quando nos sentimos sozinhos, frustrados, desamparados etc.); variam o tempo todo em cada pessoa e de pessoa para pessoa também; surgem no interior de cada indivíduo e dependem do que cada um vivenciou e está vivenciando naquele momento. O que nos move é aquilo que nos falta. Se estamos com fome, vamos em direção a algo que sacie a fome; se estamos carentes, buscamos o que nos pode trazer carinho e afeto; se estamos frustrados, movemo-nos em direção a algo que nos faça sentir realização. Estes são apenas alguns exemplos de necessidades e de como impulsionam nossa ação. A necessidade não satisfeita é, pois, um estímulo interno que nos faz sentir algum tipo de tensão, a qual é o modo pelo qual a necessidade se manifesta em nossos órgãos dos sentidos (um desconforto, uma dor ou algo muito sutil, como uma ansiedade).

8. DIVERSIDADE DAS ORGANIZAÇÕES

A gestão da diversidade nas organizações é, em parte, uma resposta à crescente diversificação da demografia da força de trabalho, mas também uma alternativa na busca de vantagens competitivas, visto que existe uma associação entre diversidade e alavancagem de respostas mais criativas. As organizações que estimulam e valorizam as diferenças de perspectivas como estratégia de negócios podem desenvolver o aprendizado, a criatividade e a inovação, além de aumentar a representatividade perante os consumidores, a atratividade e a retenção de profissionais.

No final da década de 1970, empresas privadas estadunidenses constataram que as imposições legais não administravam eficazmente a diversidade organizacional e começaram a oferecer programas de formação para valorizá-la. Comportamento semelhante foi percebido no Brasil, uma vez que poucas políticas desse tipo tiveram uma repercussão positiva em virtude de desconsiderarem aspectos como mérito e qualificação técnica. Nesse sentido, apesar da ampliação das oportunidades de emprego, uma proporção significativa dos grupos minoritários continuou a receber salários baixos e a ocupar posições hierarquicamente inferiores.

A diversidade, na ótica da abordagem demográfica, pode ser definida como um conjunto de diferenças entre as pessoas, tendo como base, por exemplo, categorizações sociais que separam os grupos em função do grau de similaridade de seus componentes. A diversidade, reiterando o exposto, contempla particularidades como religião, idade, renda familiar, sexo, deficiência e orientação sexual.

O conceito de diversidade não é fechado nem pertence a uma única área da ciência. A abordagem política, por exemplo, além do que propõe a demográfica, considera as especificidades de cada grupo social, porém, concentra-se em explicar o motivo pelo qual as minorias sofreram e sofrem discriminação e enfrentam desvantagens em múltiplos setores da sociedade.

A diversidade comporta questões oriundas de diferenças pessoais, que são ilimitadas; sendo assim, essas "disparidades" estão intimamente ligadas às realidades sociais em que os indivíduos estão inseridos, bem como aos valores e às experiências que trazem consigo.

A diversidade cultural busca valorizar a essência da diferença humana, e é nesse sentido que caminham as teorizações e conceituações em torno desse tema. A começar pela Declaração Universal sobre a Diversidade Cultural, elaborada pela Organização das Nações Unidas para a Educação, a Ciência e a Cultura (Unesco) no ano de 2002, que inclui a diversidade cultural como patrimônio comum da humanidade, fonte de intercâmbios, inovação e criatividade, atribuindo-lhe importância, no contexto social, equivalente à da diversidade biológica para a natureza. Essa variedade da condição humana implica desfazer rótulos e regras de tudo aquilo que está no mundo. Logo, classificar e padronizar os seres humanos como se faz com os objetos é algo que não pode (nem deve) ser feito.

A diversidade em âmbito laboral consiste na organização apresentar, no seu quadro de funcionários, um conjunto de colaboradores integrantes de grupos culturais distintos e com qualidades diferentes. Nesse sentido, é necessário implementar mudanças em estruturas, políticas e sistemas internos, a fim de apoiar a diversidade e construir um ambiente de convívio harmônico.

8.1 DIVERSIDADE E INCLUSÃO

São duas as principais legislações que, no Brasil, objetivaram garantir acesso ao mercado de trabalho às PCDs: (1) Lei nº 8.213/1991 – que estabeleceu cotas no setor privado; (2) Lei nº 8.112, de 11 de dezembro de 1990 – que estipulou reserva de vagas nos concursos públicos.

Esses instrumentos de ação afirmativa buscam corrigir desvantagens históricas acumuladas por PCDs, que eram vitimizadas pelo preconceito e pela discriminação social e percebidas como incapazes ou inválidas. Observa que, devido à dinâmica do sistema capitalista, não é possível esperar que todas as pessoas com deficiência se insiram no mercado de trabalho formal, visto que estamos longe de uma situação de acesso pelo que se chama de 'trabalho decente, em boas condições de ocupação e com um padrão significativo de remuneração, o que vale tanto para pessoas com deficiência como para os trabalhadores em geral.

A obrigação imposta pela Lei de Cotas não deve se restringir à reserva e ao consequente preenchimento do percentual correto de postos de trabalho nas organizações, mas garantir a eliminação de barreiras arquitetônicas, mudanças de atitude, ajustes na forma de comunicação, além de criar condições materiais e institucionais para a inclusão.

Nesse sentido, é fundamental que a organização promova, a sensibilização em seu quadro funcional a fim de minimizar preconceitos e estereótipos e desencorajar "atitudes que atentam contra o direito das pessoas a serem iguais, permitindo desta forma o respeito e a convivência com as pessoas portadoras de deficiência. A empresa precisa, ainda, desenvolver um processo de acompanhamento do empregado com deficiência, para que se integre com colegas e gestores e se adapte às rotinas de trabalho. Para isso, empregado e gestores devem ser consultados sobre possíveis alterações no ambiente de trabalho: o próprio empregado pode sugerir modificações com base em sua vivência laboral, e o chefe, orientado e apoiado pelas dificuldades relatadas, pode encontrar soluções para aperfeiçoar a execução das rotinas.

A contratação de PCDs por organizações brasileiras ocorre, geralmente, para desempenhar funções de natureza mais simples e que exigem pouca qualificação profissional. Logo, a lei não implica, necessariamente, condições mais justas de trabalho, como indica o fato de as vagas abertas aos deficientes normalmente oferecerem um menor salário devido ao pressuposto de baixa produtividade. Outro motivo é a crença de que uma PCD tem maior dificuldade em arranjar emprego e, assim sendo, está disposta a aceitar propostas salariais menos competitivas.

A lei, por si só, não é um fator de inclusão social, é necessário que as organizações se preparem para receber profissionais com deficiências, promovendo, inclusive, uma série de adaptações físicas e sociais.

Há necessidade de distinguir entre a inclusão de PCDs e sua mera inserção em uma empresa. A inserção consiste na implantação de "práticas simples de recrutamento e seleção"; já a inclusão "requer planejamento para um programa que perpasse todos os processos de gestão de pessoas, promovendo o alinhamento estratégico horizontal entre eles e vertical com os macroobjetivos organizacionais". Para que a inclusão, de fato, seja possível, faz-se necessário um trabalho conjunto e harmônico entre a área de gestão de pessoas (GP), a alta liderança e demais áreas estratégicas e táticas da empresa.

A responsabilidade por gerar um clima de inclusão é de todos, mas isso só é possível com o comprometimento e o apoio de diversos atores da realidade organizacional. A respeito da inclusão, a oferta de empregos para PCDs é importante, sendo o início de um processo que deve, ainda, ensejar reais possibilidades de desenvolvimento e crescimento. A inclusão manifesta o senso de pertencimento ao grupo, a percepção de que o indivíduo é parte integrante do sistema organizacional, considerando-se tanto aspectos formais relativos à comunicação e à tomada de decisão como informais que dependem do envolvimento dos colaboradores na vida social da organização.

O envolvimento e o acompanhamento, antes e após o processo de inserção do deficiente, são essenciais para viabilizar o processo de inclusão, o que requer da empresa uma postura que ultrapassa o mero cumprimento da cota legalmente instituída.

O papel do RH na promoção da diversidade, considerando-se as PCDs, é amplo e inicia pela sensibilização dos gestores da organização. Cabe ao RH: atuar sobre a possibilidade de PCDs ocuparem cargos e executarem atividades múltiplas; conduzir exercícios de conscientização e sensibilização sobre a necessidade de acolhimento do diferente; adaptar o ambiente físico de trabalho para o adequado recebimento do portador de deficiência; acompanhar o portador de deficiência e o gestor no andamento do trabalho, bem como diante de dificuldades e oportunidades encontradas; desenvolver um programa de cargos e salários que contemple, de forma justa, o portador de necessidade especial e proporcione seu crescimento. São essenciais, ainda, ações que objetivem a inclusão e o trabalho conjunto.

O processo de inclusão implica a adequação da estrutura organizacional às pessoas com deficiência e o reconhecimento das características e competências que elas podem oferecer à organização. Não existe um modelo pronto, pré-formatado, a ser seguido para a inclusão de PCDs, mas é necessário não se restringir a ações corretivas isoladas como forma de adaptar os processos de recrutamento e seleção. É preciso uma visão mais ampla, que, de fato, considere o planejamento e uma concepção de políticas organizacionais que promovam a diversidade dentro das organizações e ações inclusivas.

8.2 A IMPORTÂNCIA DA DIVERSIDADE NAS ORGANIZAÇÕES

É possível observar, no cenário brasileiro, características de uma sociedade composta por uma população plural. Diferenças que se expressam nos vários segmentos da sociedade, representados, dentre outros grupos, pelos miseráveis, ricos, portadores de deficiência, normais, formados, analfabetos, homossexuais, heterossexuais, católicos, evangélicos, casados, solteiros, jovens, idosos, brancos, negros, médicos, engenheiros, agricultores, empresários, empregados, desempregados. nordestinos. cariocas. gaúchos, índios, descendentes de africanos, italianos, alemães, japoneses, judeus, enfim, diferenças que, juntas, perfazem e contextualizam a diversidade do povo brasileiro.

A diversidade existe em qualquer ambiente no qual se possam observar aspectos distantes de um padrão considerado normal num parâmetro estatístico, isto é, o atributo que aparece com maior frequência. Na dimensão social, a normalidade pode ser entendida como fruto da cultura de determinado grupo, podendo um mesmo atributo ser tido como diverso para outro grupo ou cultura.

A diversidade não só representa uma característica (ou um conjunto de características) em comparação com um grupo majoritário, denominado normal, comum ou esperado, mas também a autoidentificação com o diferente, originando um fator de diversidade em grupos.

Irigaray (2007) indica, em relação à diversidade, que os discursos são ambíguos. Segundo o autor, essa ambiguidade decorre da busca de legitimidade social, uma vez que, ao investirem em práticas não discriminatórias, as companhias passam a ser percebidas como mais socialmente responsáveis do que aquelas que não o fazem. Afirma, ainda, a importância de verificar a efetividade e os desdobramentos dos discursos empresariais pró-diversidade: a efetividade acontece quando o discurso é colocado em prática por meio de políticas e ações que promovem a igualdade de oportunidades para pessoas pertencentes a segmentos discriminados na sociedade; já os desdobramentos referem-se ao que ocorre, de fato, após a adoção (ou não) de tais medidas, pois a legitimidade vê-se ameaçada quando os indivíduos passam a acreditar que as políticas são apenas formais ou quando inexistem oportunidades reais de ascensão e de reconhecimento.

A gestão da diversidade consiste na adoção de medidas administrativas que garantam que os atributos de pessoas ou de grupos, além de estilos de vida e atitudes, sejam considerados estratégicos para aprimorar o desempenho organizacional; trata-se de uma prática gerencial que pretende substituir ações afirmativas pelo acesso igualitário ao trabalho.

Diversidade diz respeito a uma variedade de atributos individuais e coletivos naturalmente reproduzidos nas organizações brasileiras, tendo em vista a heterogeneidade da força de trabalho disponível na sociedade. Assim, as empresas brasileiras, gradativamente, estão se adaptando e desenvolvendo práticas inovadoras de relações de trabalho. Nesse sentido, algumas políticas de recursos humanos orientam-se aos chamados grupos de minoria, que são indivíduos pertencentes.

O principal pilar de uma empresa inclusiva é o respeito às diferenças, portanto, ela precisa instaurar práticas que fomentem o respeito ao talento e às habilidades de todos, uma vez que a reunião de diferentes tipos de competências e perspectivas pode ser uma maneira valiosa de refinar o desempenho das equipes. A inclusão, contudo, é um processo contínuo, que deve permear a cultura da organização e, desse modo, precisa ser constantemente renovado. Uma empresa inclusiva promove a sensibilização de seus gestores sobre a importância da inclusão para a valorização do indivíduo e da diversidade para a sustentabilidade da empresa, até o ponto em que o diverso, o diferente, perpasse naturalmente todos os ambientes e níveis da organização.

No Brasil, a discussão teórica sobre a gestão da diversidade teve início com Fleury (2000), que afirmou que a gestão da diversidade pretende difundir a igualdade de condições nas empresas por meio de melhores práticas de recursos humanos.

Fleury (2000) esclarece que a gestão da diversidade consiste na administração das relações de trabalho, das práticas de emprego e da composição da força de trabalho com o objetivo de "atrair e reter os melhores talentos dentre os chamados grupos de minoria". Isso pode ser feito, por exemplo, por intermédio de políticas para a diversificação da força de trabalho, como treinamentos que tematizem as diferenças, divulgação do programa de diversidade, formação de equipes heterogêneas, revisão de estratégias, construção de indicadores, *mentoring*, orientação de novos membros e representação em comitês-chave.

A gestão da diversidade nas organizações estrangeiras com filiais no Brasil teve início com a discussão sobre cotas raciais, principalmente nas décadas de 1980 e 1990, com base nas chamadas ações afirmativas, já tratadas anteriormente. As práticas de recursos humanos para a gestão das ações afirmativas no país foram lideradas principalmente pelas subsidiárias de empresas estadunidenses que buscavam exercer algum tipo de responsabilidade social com ênfase nas minorias (Pacheco, 2003).

Essa transposição de práticas de outros países, muitas vezes sem adaptações ou adequações, é uma das principais críticas à gestão brasileira da diversidade, pois, apesar de ser uma conduta já difundida nos Estados Unidos, a transposição e a implementação no contexto brasileiro configuram processos complexos e que devem ser realizados com cuidado e rearranjos.

Há uma necessidade de configurar um ambiente organizacional no qual todos possam desenvolver seu potencial e, por conseguinte, viabilizar o alcance efetivo dos objetivos empresariais. O capital humano e suas habilidades devem ser considerados as principais fontes de vantagem competitiva e soluções inovadoras, constituindo-se um diferencial em um ambiente competitivo e altamente mutável.

Para que o potencial dos funcionários seja aproveitado, é preciso compreender a capacidade de contribuição de cada um. Para tanto, é fundamental identificar suas particularidades, a fim de desenvolver, elaborar e aplicar ações e políticas de diversidade em função das necessidades do público-alvo. Apenas após esse trabalho de compreensão das necessidades individuais é que se pode garantir igual oportunidade para todos.

No Brasil, a visão gerencial da gestão da diversidade é criticada. Na organização capitalista do trabalho, o papel dos indivíduos sempre esteve atrelado à sua utilidade para reprodução do capital, desconsiderando diferenças étnicas, sexuais e religiosas, uma vez que as palavras de ordem são produzir e consumir. As diferenças sempre foram cultivadas dentro da lógica funcionalista da gestão, apesar de estarem disfarçadas em um discurso sobre igualdade para todos.

8.3 IMPACTOS DA DIVERSIDADE NAS ORGANIZAÇÕES

Os *baby boomers* são assim chamados devido ao aumento no número de nascimentos registrados nesse período, consequência da felicidade causada pelo final da Segunda Guerra Mundial e pelo cenário positivo subsequente. A sociedade estava sendo reconstruída, e as crianças nascidas durante esses anos puderam desfrutar de condições melhores do que as experimentadas pelos seus pais. Nesse cenário, a educação dos jovens foi marcada por uma disciplina rígida, visto que, desde cedo, eram ensinados o respeito e a necessidade de comportamento em conformidade com valores de ordem, obediência e disciplina, tanto na vida familiar quanto na profissional.

Os ideais e valores impostos pelos pais e demais autoridades criaram uma situação insustentável para uma juventude que já não estava mais interessada em acatar ordens, respeitar as regras e aceitar a atitude submissa que lhes foi impingida durante a infância. A rebeldia, portanto, foi uma característica desses jovens.

No âmbito profissional, essa geração desenvolveu uma forte expectativa por gratificação e crescimento. Apesar da desconfiança nas autoridades, trata-se de uma geração que valorizava a realização pessoal, o sucesso material e o reconhecimento social; orientada pelo pragmatismo, enxergava as organizações como veículos para suas carreiras pessoais. A fidelidade à empresa, muito presente na geração anterior, deixou de existir, o que representou uma grande mudança de paradigma. Ademais, os *baby boomers* cresceram em um mundo com telefone fixo, memorandos e reuniões como base da comunicação organizacional.

A geração X, por sua vez, nasceu e amadureceu em uma época de revoluções sociais, marcada pela Guerra do Vietnã, por escândalos políticos e pelo assassinato de diversos líderes políticos importantes, como John e Bob Kennedy, Martin Luther King e Malcom X, cujo nome foi utilizado para batizar esse grupo. Movimentos hippies e rebeliões estudantis eram frequentes nos cenários nacional e internacional da época. A música mudou, as roupas tornaram-se mais coloridas e extravagantes, os cabelos mais compridos e as experiências mais intensas. Enfim, tudo o que tivesse caráter convencional e padronizado deixou de ser aceito.

No Brasil, esse período ficou marcado por revoluções políticas violentas, com perseguição e tortura daqueles que contestavam as ordens e as decisões impostas pelo governo. Muitos dos jovens dessa geração não se identificavam com a agressividade proposta pelos movimentos políticos revolucionários e adotavam uma postura mais passiva, evitando o envolvimento em qualquer tipo de manifestação social. Outros empregavam na música ritmos irreverentes e até agressivos a fim de expressar suas opiniões, seus valores e suas posições políticas. Foi a partir dessa geração que a música/canção assumiu um papel fundamental na comunicação e na identificação dos jovens, resultando em agrupamentos de acordo com o estilo musical preferido.

O surgimento da televisão não foi menos marcante. A nova tecnologia afetou o cotidiano e os relacionamentos, moldando comportamentos e rotinas com base nos horários da programação das emissoras. Isso viabilizou compartilhar eventos e marcos culturais com todas as pessoas de um mesmo grupo de idade, independentemente de onde estivessem, possibilitando a construção de um forte vínculo entre elas e, principalmente, entre a juventude.

No âmbito profissional, os sujeitos da geração X são mais cuidadosos em suas escolhas, se comparados à geração anterior, optando por não expor suas opiniões caso representem risco à sua estabilidade. Tendem a considerar vulnerável todo tipo de liderança, pois foram criados em um ambiente cujos pais agiam com ceticismo quanto às autoridades e ao governo. Além disso, valorizam alguma flexibilidade no trabalho, um estilo de vida mais equilibrado e a satisfação profissional.

A geração Y, que sucedeu a X, apresenta uma série de características distintivas e marcantes. É também conhecida como a geração da tecnologia ou a geração da internet. Tendo sido criadas em um cenário de estabilidade política e econômica, as crianças dessa geração nasceram em estruturas familiares mais flexíveis. Assim, ter pais separados deixou de ser uma raridade para se tornar uma realidade comum.

As mulheres, que no passado estavam restritas ao domínio do lar, reivindicaram seu lugar no mercado de trabalho e conquistaram sua independência financeira; a figura materna, desse modo, esteve mais ausente do dia a dia das crianças. Como consequência, os pais procuraram compensar essa ausência mutua educacionais que os levassem a se tornar mais competitivos no futuro. Assim, os integrantes dessa geração receberam cuidados, estímulos e informações direcionados à obtenção de qualificação educacional de alto nível. A ausência dos pais era, muitas vezes, compensada por um excesso de mimos.

A tecnologia teve grande influência na formação desses sujeitos, pois, durante seu crescimento e amadurecimento, houve um avanço tecnológico mais acentuado que nos anos anteriores, com a emergência de novas formas de entretenimento, como o videogame e os primeiros computadores pessoais.

Esses instrumentos, por sua vez, transformaram completamente o cenário evolutivo dos jovens da geração Y. Com a popularização da internet, a comunicação se tornou instantânea e sem fronteiras e a informação, irrestrita e ilimitada, saciando a fome de conhecimento, uma das características mais evidentes dessa geração.

A geração com os integrantes mais jovens é a Z, que é composta pelas pessoas que nasceram depois do surgimento da internet. Desde pequenos, seus integrantes já têm familiaridade com as inúmeras possibilidades da era tecnológica. Assim, desconhecem o mundo sem a presença de computadores, tablets e celulares, lidando facilmente com esses dispositivos. Quando o assunto é carreira, são desconfiados e não se atraem por exercer apenas uma função pelo resto da vida. Atualmente, estão iniciando sua entrada no mercado de trabalho, mas já se espera dessa geração uma produção atrelada à velocidade da tecnologia. Estas são as principais características da geração Z: responsabilidade social, ansiedade, desapego das fronteiras geográficas e necessidade de exposição de opinião.

Essa geração se expressa por meio de meme e GIF animado, assim como por mensagens de voz. Meme é uma ideia, um conceito, um som ou qualquer outra informação que pode ser transmitido rapidamente. O termo tem relação com brincadeiras e piadas em desenhos, fotos ou vídeos que se propagam com uma grande velocidade na rede e conquistam o gosto popular. Já o GIF animado é composto por várias imagens do formato GIF (do inglês Graphics Interchange Format) compactadas em um só arquivo, o que fornece à imagem um tipo de movimento, sendo usada como *emoticon* em mensagens instantâneas e para ilustrar sites na internet. Trata-se, assim, de uma geração que está entrando no mercado de trabalho e rearranjando-o de acordo com suas características.

8.4 A GESTÃO DA DIVERSIDADE NAS ORGANIZAÇÕES

Diversidade geracional se refere ao fato de a organização apresentar, em seu quadro de funcionários, pessoas de diversas idades, ou seja, pertencentes a gerações distintas.

Pessoas nascidas num mesmo período compartilham experiências de vida históricas e sociais que podem afetar, de forma similar, seu padrão de resposta a situações e instituições – como seus valores e suas crenças, sua ética e seu comportamento no ambiente laboral, as razões pelas quais trabalham, seus objetivos e suas aspirações na vida profissional.

As relações de trabalho têm mudado bastante nos últimos tempos. As gerações X e Y já exigem que seus empregadores tenham uma nova visão das relações trabalhistas e dos locais de trabalho. Embora o ambiente tradicional propicie maior contato e interação física entre as pessoas, as gerações X e Y tendem a rejeitá-lo, por evidenciar relações hierárquicas, formalidade e burocracia. Esses novos trabalhadores privilegiam a informalidade e estruturas mais flexíveis, bem como demandam uma maior disponibilidade e sofisticação de recursos tecnológicos. Aceitam e preferem relacionamentos mais virtuais e focam resultados, apreciando a autonomia na gestão de seu tempo.

Não é tarefa fácil integrar, no quadro funcional, colaboradores com desejos e formas de trabalho tão diferentes. Os desafios enfrentados pelas organizações, hoje em dia, são muitos e com certeza, adaptar sua arquitetura e seus processos de forma a contemplar diversas gerações é o mais complexo. Isso porque, enquanto os "X" preferem liberdade de decisão, individualidade e equilíbrio entre trabalho e vida pessoal, os "Y" valorizam a informalidade, os desafios e a atuação em causas socialmente responsáveis.

O ambiente de trabalho das empresas é composto por pessoas de várias raças, crenças, nacionalidades, gêneros e gerações. Os primeiros estudos sobre diversidade geracional foram realizados nos Estados Unidos no final da década de 1980 e evidenciaram que diferentes gerações conviviam no ambiente organizacional – na época, as gerações veteranas, *baby boomer* e X.

Na contemporaneidade, a grande maioria dos veteranos já se aposentou e mais uma geração integrou os grupos de trabalho: a geração Z.

Além de nascerem e crescerem em períodos diferentes, essas gerações evidenciam anseios pessoais e profissionais fortemente influenciados por fatos históricos e também pela educação que receberam de seus pais e educadores. Logo, o jeito de viver de um *baby boomer* difere da maneira de conduzir a vida das outras gerações – X e Y –, e vice-versa.

O convívio de gerações distintas no ambiente de trabalho tem provocado conflitos, fruto de expectativas diferentes em termos pessoais e profissionais e da forma de trabalhar de cada geração, especialmente após a inserção da geração Y no mercado de trabalho, tem provocado um choque entre ideias de trabalho.

Nesse sentido, atrair e reter profissionais de gerações tão distintas, assim como manter um clima organizacional adequado a seus talentos, representa grande desafio para os profissionais que atuam na gestão de pessoas. É necessário alcançar o equilíbrio entre as expectativas dos colaboradores e as dos empregadores por meio de ações que valorizem o profissional, de um lado, e os resultados financeiros, de outro.

Pessoas com idades diferentes, anseios, expectativas e características diversas compartilhando um mesmo ambiente de trabalho configuram uma realidade cheia de potencialidades e desafios, que podem ser mais bem geridos por uma área de recursos humanos (RH) com atividades direcionadas aos diversos públicos etários de uma organização.

A manutenção de uma diversidade geracional, ou seja, a organização apresentar, em seu quadro de funcionários, pessoas de faixas etárias distintas, pertencentes às diferentes gerações, depende da atuação da área de recursos humanos (RH), pois são frequentes, no âmbito empresarial, preconceitos, muitas vezes velados, em relação à idade, tanto por parte dos profissionais mais jovens quanto dos mais velhos.

A área de RH desempenha um papel fundamental na sensibilização de gestores e de todo o quadro de empregados sobre a importância da diversidade etária nesse contexto. Esse ponto pode ser mais facilmente compreendido quando lembramos que todos nós, um dia, precisamos ou precisaremos de uma oportunidade de aprendizado e desenvolvimento na prática dos conhecimentos adquiridos nas instituições de ensino. O mesmo pode ser dito sobre a necessidade de emprego quando formos mais velhos.

9. CONSIDERAÇÕES FINAIS

As organizações almejam ser competitivas em um mercado acirrado, sabemos que não é uma tarefa fácil, mais contando com seu maior ativo que é o humano, as empresas podem reinventar-se para a criação de produtos e serviços que possam satisfazer as necessidades dos seus clientes, que se tornam cada vez mais exigentes.

Empresas inteligentes que valorizam o capital humano cada vez mais despontam como empresas de sucesso, a mentalidade dos seus dirigentes está no gerenciamento adequado das informações e dos sistemas bem como, a coleta de ideias advindas das pessoas.

Na atualidade para as organizações é importante tratar o conhecimento como um ativo somente se for capaz de fornecer um retorno econômico. Desta forma, é imprescindível construir capital humano desenvolvendo competências, habilidades e capacidades de indivíduos e grupos que proporcionem valor para os clientes, converter o capital humano em capital estrutural, organizando a troca e o compartilhamento de conhecimento.

Portanto, alguns pontos são cruciais como: otimizar o capital de cliente – o valor dos relacionamentos com fornecedores, parceiros e clientes – construindo valor da marca e fidelidade dos clientes, usar os ativos de conhecimento para reduzir as despesas e o peso de manter ativos físicos ou maximizar o retorno sobre esses ativos e buscar vantagem competitiva na inovação, customização e em serviços em vez de na economia de escala é o foco do conhecimento nas organizações.

10. REFERÊNCIAS BIBLIOGRÁFICAS

ADIZES, I. *Mismanagement styles*. California: California Management Review, vol. XIX, n. 2, 1975.

BECKER, H. S. *Culture: a sociological view*. Yale Review, p. 513-27, 1982.

BERGAMINI, C. W. **Uma viagem ao centro do conceito**. RAE-Revista de Administração de Empresas, São Paulo, v. 1, n. 2, p. 6-67, Nov. 2002/Jan. 2003.

BERLO, David K. **O processo de comunicação: introdução à teria e à prática**. Tradução Jorge Arnaldo Fontes; 9ª ed. São Paulo; Martins Fontes, 1999.

BERNARDI, L. A. **Manual de empreendedorismo e gestão**. São Paulo: Atlas, 2003.

BOYETT, J. H.; BOYETT, J. **O guia dos gurus: os melhores conceitos e práticas de negócios**. Rio de Janeiro: Campus, 1999.

BRANDÃO, H. P.; GUIMARÃES, T. de A. **Gestão de Competências e Gestão de Desempenho.** In: WOOD Jr. (org.). Gestão Empresarial – O fator humano. São Paulo, Atlas, 2002.

CARVALHO, R. B. **Tecnologia da informação aplicada à gestão do conhecimento**. Belo Horizonte: Editora c/ Arte, Face-Fumec, 2003.

CHIAVENATO, I. **Gestão de pessoas**. 3 ed. Rio de Janeiro: Elsevier, 2010.

CHIAVANETO, I. **Introdução à Teoria Geral da Administração**. Rio de Janeiro: Elsevier, 2003.

CHIAVENATO, I. **Gerenciando pessoas: o novo papel dos recursos humanos nas organizações**. Rio de Janeiro: Campus, 1999.

DAFT, R. L. **Teoria e projeto das organizações**. 6 ed. LTC, Rio de Janeiro, 1999.

DANILEVICZ, A. de M. F. **Modelo para condução de decisões estratégicas associadas ao gerenciamento da inovação em produtos.** 2006. 231 p. Tese (Doutorado em Engenharia de Produção) – Escola de Engenharia, Programa de Pós-Graduação em Engenharia de Produção, Universidade Federal do Rio Grande do Sul, Porto Alegre, 2006.

DRUCKER, P. F. **Construindo a Organização que aprende.** Harvard Business Review – On Knowledge management, tradução Afonso Celso C. Serra, 10 ed., Rio de Janeiro: Elsevier, 2001.

DRUCKER, P. F. **Fator Humano e Desempenho**: O melhor de Peter F. Drucker sobre Administração. São Paulo: Pioneira, 1981.

DUTRA. J. S. **Gestão de pessoas: modelo, processos, tendências e perspectivas.** São Paulo: Atlas, 2012.

DUTRA, J. S. **Competências: conceitos e instrumentos para gestão de pessoas na empresa moderna.** São Paulo, Atlas, 2004.

DUTRA. J. S. **Gestão por competências: um modelo avançado para o gerenciamento de pessoas.** São Paulo: Gente, 2001.

FLEURY, M. T. L. **Gerenciando a diversidade cultural: Experiência de Empresas Brasileiras.** RAE – Revista de Administração de Empresas, v. 40, n. 3 p. 18-25, 2000.

FISCHER, A. L. **Um resgate conceitual e histórico dos modelos de gestão de pessoas.** In: ARELLANO, Eliete Bernal; LIMONGI-FRANÇA, Ana Cristina; NOGUEIRA, Arnaldo J. F. Mazzei (Org.). As pessoas na organização, São Paulo: Gente, 2002.

FLEURY, M. T. L.; SAMPAIO, J. dos R. **Uma discussão sobre cultura organizacional.** In: Fleury et al. As pessoas na organização. 16 ed. São Paulo: Editora Gente, 2002.

FLEURY, A.; FLEURY, M. T. L. **Estratégias empresariais e formação de competências: um quebra-cabeça caleidoscópico da indústria brasileira.** 3. ed. São Paulo: Atlas, 2006.

GONDIM, S. M. G.; SILVA, N. **Motivação no Trabalho.** In: ZANELLI, J. C.; BORGES-ANDRADE, J. E., BASTOS V. B. (Orgs.). Psicologia, organizações e trabalho no Brasil. Porto Alegre: Artmed, 2004. p. 45-175.

GIGET, M. Technology. *Innovation and strategy: recent developments. International Journal of Technology Management.* Paris, v. 14, n. 6-7, p. 613-634, jul. 2003.

GILBREATH, B.; FREW, E. *Supervisor Behavior and Employee Health: A Topic Neglected by Management Educators.* San Antonio, TX: Institute for Behavioral & Applied Management. 2004.

GOLEMAN, D. *Emotional intelligence: Issues in paradigm building.* In C. Cherniss & D. Goleman (Eds.), The Emotionally Intelligent Workplace, (pp. 13-26), Jossey-Bass: San Francisco, 2001.

GILLEN, T. **Assertividade**. São Paulo: Nobel, 2001.

HALL, R. H. **Organizações: estruturas, processos e resultados**. 8 ed. SP: Prentice Hall, 2004.

HEIFETZ, R. **Entrevista: os novos desafios**. HSM Management, n. 14, mai./jun., p. 60-66, 1999.

IRIGARAY, H. A. R. **Políticas de Diversidade nas Organizações: Uma Questão de Discurso?** In.: XXXI ENCONTRO ANUAL DA ANPAD. Anais: Rio de Janeiro, 2007.

KOTLER, P. **Administração de marketing**. 5ª ed. São Paulo: Atlas, 1998.

KOTTER, L. B. *What leaders really do. Harvard Business Review on Leadership*. Boston: Harvard Business School Publishing,1998.

LEYDEN, G.; KUK, G. *The role of supervision in a healthy organization: The case of educational psychology services*. Educational and Child Psychology. Newcastle, n. 10, p. 43-50, 1993.

MARCHIORI, M. **Cultura e Comunicação Organizacional: um olhar estratégico sobre a organização**. 2 ed. revisada e ampliada. São Caetano, SP: Difusão Editora, 2008.

MARRAS, Jean P. **Administração de recursos humanos: do operacional ao estratégico**. 6. ed. São Paulo: Futura, 2002.

MOHRMAN, S.A.; COHEN, S.G.; MOHRMAN JR., A. M. *Designing team-based organizations: new forms for knowledge work*. San Francisco: Jossey-Bass, 1995.

RAMPERSAD, H. K. **Scorecard para performance total: alinhando o capital humano com estratégia e ética empresarial.** Rio de Janeiro: Elsevier, 2004.

REIFSCHNEIDER, M. B. **Considerações sobre avaliação de desempenho.** Educ. vol. 16 n. 58, Rio de Janeiro Jan./Mar. 2008.

ROBBINS, S. P. **Comportamento organizacional.** 12. ed. São Paulo: Prentice Hall Brasil, 2005.

ROBBINS, S. P. **Comportamento Organizacional.** 8ª ed. Rio de Janeiro: LTC, 1999.

SANDBERG, Jorgen; TARGAMA, Axel. *Managing understanding in Organization.* London: Sage Publications, 2007.

SAKAMOTO, C. K. **A criatividade sob a luz da experiência: a busca de uma visão integradora do fenômeno criativo.** São Paulo, 1999. 296 p. Tese de doutorado – Instituto de Psicologia, Universidade de São Paulo.

SCHEIN, E. H. **Cultura organizacional e liderança.** São Paulo: Editora Atlas, 2009.

SENGE, P. M. **A quinta disciplina: arte e prática da organização de aprendizagem.** 16 ed. São Paulo: Nova Cultura, 2004.

SROUR, R. H. **Poder, cultura e ética nas organizações.** Rio de Janeiro. Campus, 1998.

STAEHLE, W. E. *Human resource management and corporate strategy.* In: PIEPER, Rüdiger. Human resource management: an international comparison. Berlin, New York: De Gruyter, 1990.

STAL, E. F. A. **As relações universidade-empresa no Brasil sob a ótica da lei de inovação.** Cadernos de Pós-Graduação – administração, São Paulo, v. 4, n. 1, especial RAI, p. 269-283, 2005.

TAMAYO, Á. P. TATIANE. A **relação da motivação para o trabalho com as metas do trabalhador.** Revista de Administração Contemporânea, v. 7, n. 4, Out./Dez. 2003.

TANNENBAUM, R.; SCHMIDT, W. H. Como escolher um padrão de liderança. In: BALCÃO, Y. F. (ed.) **O comportamento humano na empresa: uma antologia.** 2 ed. Rio de Janeiro: Fundação Getúlio Vargas, Serv. Publicações, 1971.

TARAPANOFF, K. (Org.). Referencial teórico: introdução. In:_____.
Inteligência organizacional e competitiva. Brasília: Editora Universidade de Brasília, 2001. p. 33-46.

TONET, H.; R, A. M. V.; BECKER, L. C. Jr.; COSTA, M. E. B.
Desenvolvimento de equipes. 2ª Ed. Rio de Janeiro: Editora FGV, 2009.

ULRICH, D. **Os campeões de recursos humanos: inovando para obter os melhores resultados**. 7 ed. São Paulo: Futura, 2004.

VARNEY, G. H. *Building productive teams: an action guide and resource book*. San Francisco, CA: Josey-Bass. 1989.

WEISINGER, H. **Inteligência Emocional no Trabalho**. Rio de Janeiro: Objetiva, 1997.

ZALEZNIK, A. *Managers and leaders: are they different? Havard Business Review on Leadership*. Boston: Harvard Business School Publishing, 1998.